本书受国家自然科学基金面上项目“信息披露非理性失衡、内部风险控制与公司股价崩盘”（71472064）资助

郝东洋 / 著

负面信息偏差、公司内部控制与股价崩盘风险研究

FUMIAN XINXI PIANCHA,
GONGSI NEIBU KONGZHI
YU GUJIA BENGPAN FENGXIAN YANJIU

中国财经出版传媒集团
经济科学出版社
Economic Science Press

图书在版编目（CIP）数据

负面信息偏差、公司内部控制与股价崩盘风险研究/郝东洋著．--北京：经济科学出版社，2021.3

ISBN 978-7-5218-1797-3

Ⅰ.①负…　Ⅱ.①郝…　Ⅲ.①上市公司-企业管理-影响-股票价格-研究-中国　Ⅳ.①F832.51

中国版本图书馆 CIP 数据核字（2020）第 161158 号

责任编辑：王柳松　胡成洁
责任校对：齐　杰
责任印制：王世伟

负面信息偏差、公司内部控制与股价崩盘风险研究
郝东洋　著
经济科学出版社出版、发行　新华书店经销
社址：北京市海淀区阜成路甲 28 号　邮编：100142
总编部电话：010-88191217　发行部电话：010-88191522
网址：www.esp.com.cn
电子邮箱：esp@esp.com.cn
天猫网店：经济科学出版社旗舰店
网址：http://jjkxcbs.tmall.com
北京季蜂印刷有限公司印装
710×1000　16 开　12.5 印张　200000 字
2021 年 4 月第 1 版　2021 年 4 月第 1 次印刷
ISBN 978-7-5218-1797-3　定价：59.00 元
（图书出现印装问题，本社负责调换。电话：010-88191545）

前　言

公司股价崩盘是指，个股股价在没有任何预兆的情况下出现短期大幅度下跌。它给投资者造成了巨大损失、给证券市场平稳运行带来了严重冲击，受到了投资者和监管部门的强烈关注。什么原因导致股价崩盘风险，如何降低股价崩盘风险？学术界对此进行了大量研究。其中，近十多年来，在负面信息隐藏假说框架下，国内外学者从信息披露质量、影响信息披露的内外部治理机制等方面入手，取得了大量有价值的理论研究成果。然而，针对上述复杂问题，在传统的管理者机会主义动因、公司内外部治理机制之外，如何结合管理者非理性特质、管理者背景特征、内部控制机制等因素，结合多种企业行为进一步探究股价崩盘风险的形成机制，仍需深入探究。

针对上述问题，本书一方面从非理性特质的管理者过度自信视角、首席执行官（CEO）任职周期视角，考察了管理者非同质对负面信息披露的偏差，进而对股价崩盘风险的影响，并检验了内部控制机制对这两类诱因造成的信息披露偏差或股价崩盘风险的影响；另一方面，结合企业根据组织形式设计的集团决策权配置、参与政府倡导的精准扶贫计划等场景，考察了企业代理问题对股价崩盘风险的影响，并检验了内部控制机制在这些影响机制中的中介效应或调节效应。相关结论的得出，有助于深化对股价崩盘风险成因的认识，有助于客观评价内部控制基本规范的执行效果，具有一定的理论意义和实践意义。

本书的研究结论主要体现在以下四个方面。

第一，管理者过度自信、内部控制与负面信息披露质量的实证证据与股价崩盘风险效应的检验。本书从过度自信这一管理者非理性特质角度出发，以管理者自愿披露的负面业绩预告为对象，考察了管理者过度自信对负面信息披露质量的影响，以及内部控制对该影响的调节效应、该影响带来的股价崩盘风险效应。研究结果表明，管理者过度自信降低了负面业绩预告披露的自愿性、提升了负面业绩预告的乐观估计倾向、延迟了负面业绩预告的披露时间，整体上降低了负面信息披露质量；而内部控制并未对这一非理性、前瞻性和主观性较强的负面业绩预告过程起到良好的约束作用，相反，却强化了管理者面对不利环境时“优于平均”的心态与乐观倾向，从而进一步降低了负面信息披露质量；管理者过度自信通过降低负面信息披露质量加大公司股价崩盘风险，负面业绩预告披露缺陷是管理者过度自信加大股价崩盘风险的一个中介路径。

第二，CEO 任职周期、内部控制与公司股价崩盘风险的关系检验。本书从任职周期这一管理者背景特征出发，基于管理者任职周期的季节效应理论，考察了 CEO 任职周期对股价崩盘风险的影响和作用机制，以及内部控制对该影响的调节作用。结果表明，CEO 任职周期与公司股价崩盘风险之间存在“U”型相关关系，存在某一任职阶段，股价崩盘风险降至最低，且 CEO 较差的职业经历、较低的业界声誉、内部升任等会强化该“U”型关系；在 CEO 任职周期与股价崩盘风险之间，会计稳健性和非效率投资发挥了中介效应；高效率的内部控制机制能有效地弱化 CEO 任职周期与股价崩盘风险间的“U”型关系，且内部控制效率越高，股价崩盘风险越低。

第三，企业集团决策权配置、内部控制与公司股价崩盘风险的关系检验。本书结合企业集团决策权配置过程，考察了企业组织形式安排对股价崩盘风险的影响，以及内部控制对该影响的调节效应。结果表明，企业集团经营权分散配置和财务权分散配置，均提高了股价崩盘风险；会计信息透明度、会计稳健性在经营权分散配置的股价崩盘风险效应中发挥了中介作用，过度投资则在财务权分散配置的股价崩盘风险效应中发挥了中介作用；高效率内部控制机制能有效缓解上述决策权配置对股价崩盘风险的影响，同时，这种缓解作用在国有产权的企业集团中表现得更强。

第四，精准扶贫参与度、内部控制与公司股价崩盘风险的关系检验。本书选取了精准扶贫这一企业社会责任形式，考察了精准扶贫参与度对股价崩盘风险的影响，以及内部控制对该影响的调节作用。结果表明，无论使用是否参与精准扶贫指标，还是使用精准扶贫投入金额指标衡量上市公司精准扶贫参与度，精准扶贫参与都降低了股价崩盘风险；过度投资和信息透明度在精准扶贫参与度和股价崩盘风险的关系间发挥了中介作用，表明参与精准扶贫的公司因过度投资程度更低、信息透明度更高而受到了投资者认可，股价被集中抛售的可能性更小，股价崩盘风险随之降低；内部控制对上述关系起到了调节作用，在低效率内部控制环境下，参与精准扶贫降低股价崩盘风险的作用更强，作为一种政府倡导的企业社会责任计划，参与精准扶贫具有一定的风险治理作用，可以对内部控制风险治理作用实现某种程度的替代。

目录

contents

第一章

绪　　论

第一节　研究背景

上市公司的股价异常波动在资本市场上时有发生，极大地扰乱了证券交易秩序、影响了资本市场稳定运行、降低了资源配置效率。其中，公司股价崩盘事件（股价在没有任何预兆情况下出现短期大幅度下跌）更是给投资者的个人财富造成了巨大损害、给证券市场平稳运行带来了严重冲击，引起了投资者、监管部门以及学术界的强烈关注。

究竟是什么原因导致公司股价崩盘？如何降低公司股价崩盘风险？已成为社会各界关注和讨论的重要问题。尤其是2008年全球金融危机爆发后，各国资本市场一度陷入剧烈动荡，更使股价崩盘风险成为国内外宏观经济领域与公司财务领域的研究热点。个股的崩盘现象发生频繁，① 因此，对上述问题开展研究具有重要的现实意义。

---

① 根据笔者对1991~2019年中国沪深两市上市公司的交易数据统计，在2280532个个股超额回报率观测值中，跌幅在15%以上的有37115个，占比为1.63%；若按J. B. 奇木、Y. 李和L. 张（J. B. Kim，Y. Li and L. Zhang，2011a）对公司股价崩盘的认定标准，即个股周特定收益率低于年度内周特定收益率平均值3.09个标准差（对应0.1%的概率区间），则在这19年内，在其中一年出现过至少一次崩盘的上市公司占10.62%。这表明，中国证券市场上的股价崩盘发生较为频繁。按照同样的标准，美国证券市场在1993~2010年发生过股价崩盘的上市公司占比约为11.3%，与中国基本一致。

从股价崩盘风险影响因素的既有研究看，早期研究者主要从投资者理性均衡理论和行为金融学角度进行解读（J. Y. Campbell and L. Hentschel，1992；D. Romer，1993；H. Hong and J. C. Stein，2003）。按照上述文献的观点，投资者非理性（如羊群行为）是股价崩盘的主要原因。L. 金和 S. C. 迈尔斯（L. Jin and S. C. Myers，2006）、A. P. 哈顿、A. J. 马科斯和 H. 特兰尼安（A. P. Hutton，A. J. Marcus and H. Tehranian，2009）则在假定投资者信念同质、预期相同的前提下，从公司管理者与投资者之间的信息不对称角度给出了更令人信服的解释：管理者有能力也有动机隐藏公司的负面信息，但随着负面信息不断积累，一旦超过临界值，负面信息的集中释放将会导致公司股价暴跌。这一观点提出后，很快得到理论界的普遍认同。同时，研究者们在负面信息隐藏假说的指导下，开展了大量股价崩盘风险成因的研究，并取得了丰硕的研究成果。

然而，综观已有成果，研究者大多从传统的管理者机会主义和公司治理角度解释负面信息的隐藏及公司股价崩盘，却忽视了一些重要问题。一方面，造成上市公司股价崩盘的信息不对称（负面信息积累）还应该在更宽广的视野下寻找成因。例如，管理者是否会非理性地推迟并减少负面消息的披露，进而引发更高的股价崩盘风险？核心管理者的背景特征是否影响了其信息披露决策，从而出现隐瞒负面信息、加大股价崩盘风险的情况？企业组织结构的特定安排，是否会产生新的代理问题，从而影响负面信息披露，进而加大股价崩盘风险？另一方面，对股价崩盘风险治理机制的既有研究，并未对内部控制制度的作用进行全面分析。

具体而言，在多种情境之下，内部控制机制能否较好地约束管理者多重机会主义诱因或非理性诱因导致的负面信息隐藏行为，进而降低信息捂盘的可能性、降低股价崩盘风险，仍然是需要进行全面、系统分析的重要问题。

第二节 制度背景

内部控制是指，企业、事业单位为了合理保证财务报告的可靠性、经营的效率、效果以及对法律法规的遵守，由治理层和其他人员设计与执行的政策及程序。在美国，反虚假财务报告委员会发起组织（COSO）于1992年发布了《内部控制——整合框架》（*Internal Control—Integrated Framework*），2004年发布了《企业风险管理——整合框架》（*Enterprise Risk Management—Integrated Framework*），明确了美国上市公司内部控制框架的参照性标准，而这些标准也成为各国监管机构制定本国内部控制框架的重要参考。就中国而言，在COSO风险管理框架经验的基础上，自2004年起，相关部门颁布了一系列与内部控制有关的法律法规。其中，2008年财政部等五部委联合颁布《企业内部控制基本规范》和2010年颁布的《企业内部控制配套指引》，明确了企业内部控制的基本框架，对于企业建立、实施和评价内部控制给出了具体规范。2009年7月，《企业内部控制基本规范》先在上市公司范围内施行，按照要求，上市公司普遍建立旨在"提高企业经营管理水平和风险防范能力，促进企业可持续发展"的内部控制体系。多年来，上市公司内部控制体系在风险治理方面发挥了巨大作用。

《企业内部控制基本规范》提出的内部控制基础框架，包括内部环境、风险评估、控制活动、信息与沟通、内部监督五大要素，其中，上市公司建立内部控制体系后，"信息与沟通、风险评估、控制活动"等环节做出了大量与风险信息收集、风险信息处理、风险信息披露有关的机制设计。这些机制设计有利于公司负面信息的及时、充分传递，因此，应该能够在矫正管理者披露负面信息的非理性、制约管理者披露负面信息的机会主义方面发挥作用，进而降低相应的股价崩盘风险。

第三节　研究问题及研究意义

本书从多角度研究了管理者非理性和管理者机会主义对负面信息披露及股价崩盘风险的影响，并考察了内部控制机制对这些影响的治理作用。一是本书以管理者过度自信这一管理者非理性特质为切入点，研究了管理者非理性对公司负面信息披露的影响，并分析了内部控制在其中的调节作用，还考察了管理者过度自信通过影响负面信息披露进而加大公司股价崩盘风险的中介作用；二是本书以 CEO 任期这一管理者背景特征为研究对象，分析了其对股价崩盘风险的影响和作用机制，并分析了内部控制对该影响的调节作用；三是结合集团公司的决策权配置过程，分析了企业集团组织形式对其代理问题的影响，进而分析了其对公司股价崩盘风险的影响和作用机制，并考察了内部控制对该影响的约束作用；四是以上市公司参与精准扶贫这一特殊的、政府倡导的企业社会责任项目为研究对象，分析了精准扶贫参与度对公司股价崩盘风险的影响和作用机制，同时，在考察内部控制对该影响调节作用的基础上，进一步明确了缺乏内部控制治理机制情况下其他可能的替代机制对股价崩盘风险的缓解作用。

本书的理论意义在于：一方面，从管理者特质、管理者背景特征、企业组织形式选择、企业特定社会活动参与情况等角度，剖析了负面信息披露偏差的产生以及股价崩盘风险的生成机制，大大丰富了备受当前学术界关注的股价崩盘风险影响因素的研究成果；另一方面，在前述情境下，全面考察了内部控制机制对股价崩盘风险生成过程产生的制约作用，将对内部控制经济后果的研究拓展到稳定证券市场的层面，也大大丰富了内部控制领域的研究文献。

本书的实践意义在于：首先，可以帮助中国证券监管部门进一步认清公司股价崩盘的生成机理，对加强上市公司信息披露等方面的监管工作具有指导作用；其次，有助于财政部门等相关政策制定部门客观评价现有上市公司内部控制基本规范的实施效果，从而不断完善相互嵌合的公司治理机制与内部控制机制，降低资本市场运行风险；最后，本书提出“通过健全上市公司内部控制等风险控制机制降低证券市场运行风险”的政策建议，健全金融监管体系，守住不发生系统性金融风险的底线的改革导向。

第四节 本书内容与研究方法

本书共分为七章，具体内容安排如下。

第一章，绪论。对本书的研究背景、制度背景、研究问题及研究意义、研究内容与研究方法、创新点等做简单介绍。

第二章，相关文献回顾。首先，对近年来国内外股价崩盘风险领域的文献进行梳理，尤其是回顾了股价崩盘风险的影响因素和制约机制；其次，回顾了有关公司管理者非理性导致的信息披露行为偏差的中外文文献；最后，回顾了企业实施内部控制的经济后果，尤其是回顾了内部控制对管理者非理性行为、管理者信息披露行为等产生影响的相关文献。对这些文献的回顾，为本书研究中国上市公司股价崩盘风险的成因、内部控制机制能否对管理者各种非理性动因或机会主义动因的信息披露行为形成制约，为降低股价崩盘风险等问题厘清了方向。

第三章，管理者过度自信、内部控制与负面信息披露质量：证据及股价崩盘效应检验。本章以管理者过度自信为切入点，以上市公司自愿披露的负面盈利预测为对象，分析得出，管理者过度自信会影响公司负面信息披露质量，并考察了内部控制在其中发挥的作用，同时，检验了管理者过度自信通过影响负面信息披露质量而加大公司股价崩盘风险的中介作用机制。

第四章，CEO 任职周期、内部控制与股价崩盘风险。该章以上市公司核心管理者的任期这一背景特征为切入点，分析了管理者背景特征对股价崩盘风险产生的影响，并考察了内部控制在其中的治理作用。

第五章，企业集团决策权配置、内部控制与公司股价崩盘。本章以集团公司战略与投资权、经营权、财务权与预算权、投资权、人事权等决策权的配置过程为研究场景，分析了其中因诱发管理者机会主义行为所产生的股价崩盘效应，并考察了内部控制对该效应的治理作用。

第六章，精准扶贫参与度、内部控制与股价崩盘风险。本章结合上市公司参与精准扶贫这一企业社会责任项目的情况，分析参与精准扶贫的上市公司是否因更多地考虑了股东利益导致信息披露更加充分、股价崩盘风险更低，内部控制机制是否发挥了替代性的风险治理功能。

第七章，主要结论、研究局限性与未来研究方向。对全书研究成果进行总结，并提出了本书的不足之处及进一步的研究方向。

第五节　本书主要创新点

本书主要创新点，包括以下三个方面。

第一，理论方面的创新。一是本书从多个角度丰富了股价崩盘风险成因方面的研究文献。其中，第三章、第四章从行为会计和管理者梯队理论出发，分析了管理者过度自信对负面信息披露，进而对公司股价崩盘风险的影响，以及 CEO 任期对股价崩盘风险的影响和作用机制；第五章、第六章从企业组织形式安排以及精准扶贫参与度等方面，分析了公司股价崩盘风险的形成原因，基于这些特殊角度的研究，丰富了股价崩盘风险领域的研究成果。二是考察了内部控制体系对上述股价崩盘风险形成过程的约束作用，得出了较为多元化的研究结论。这将大大提升对现有内部控制导致经济后果的认识，尤其是将其风险治理功能引入对股价异常波动的分析中，拓展了内部控制领域的研究成果。

第二，方法方面的创新。本书在充分观察调研的基础上，联系中国实际，设计了上市公司负面信息披露质量的衡量方法，同时，在决策权配置集中度、精准扶贫参与度等多个指标的使用中提出了较为合理的测量方法。这些测量方法在保证本书研究过程的科学严谨性的同时，可以为本领域研究者对相关问题在未来开展实证研究提供方法上的参考和借鉴。

第三，研究视角方面的创新。本书在选取研究问题时，充分考虑了中国的经济现实。例如，考虑到上市公司管理者的过度自信，同时，多年来中国经济的高速发展也带来了上市公司管理者风险偏好的持续提升与乐观情绪的不断蔓延，因此，管理者过度自信这一非理性特质视角的选取具有较强的现实土壤。此外，在考察内部控制对管理者机会主义信息披露行为的制约作用时，集团决策权配置、精准扶贫参与等企业活动都是各界关注的热点问题。基于以上新颖视角开展的研究并得出相应的结论，将具有较强的实践价值。

第二章

相关文献回顾

第一节　股价崩盘风险及其影响因素

一、股价崩盘风险的概念界定及形成机理

股价崩盘风险是指，在没有任何预兆的情况下，市场指数或个股股价发生跳跃性下跌的概率。股价崩盘又称为股价暴跌，洪和斯特恩（Hong and Stein，1999）对其进行了解释，认为其通常具备三个特征：（1）无信息支持，股价在没有任何征兆的情况下发生巨大变化；（2）不对称性，股价的大幅变化通常表现为股价下跌，而非股价上涨；（3）传染性，个股股价暴跌会蔓延至整个资本市场，带动其他个股股价暴跌。

起初，针对股价崩盘这一有效市场理论无法解释的金融异象，研究文献主要从投资者理性均衡和行为金融学角度进行解读（Campbell and Hentschel，1992；Romer，1993；Hong and Stein，2003）。按照上述观点，投资者的非理性（如羊群效应）是股价崩盘的主要原因。但是，从大量股价崩盘的实例看，事实却并非如此。

金和迈尔斯（Jin and Myers，2006）、A. 布莱克和X. 刘（A. Bleck

and X. Liu，2007）以及哈顿、马科斯和特兰尼安（Hutton，Marcus and Tehranian，2009）最早基于代理理论和信息不对称理论，分析了坏消息隐藏对股价崩盘的作用机制。其中，金和迈尔斯（2006）、马科斯和特兰尼安（2009）指出，管理者出于自身利益，有动机也有能力隐藏公司的负面信息，但随着公司负面信息的不断积累，一旦超过临界值，负面信息就会集中释放，从而导致公司股价暴跌。布莱克和刘（2007）指出，隐藏负面信息会阻碍投资者和董事会及时、有效地识别净现值为负的项目，从而无法及时劝阻经理人放弃该项目，随着时间推移，此类项目的亏损不断累积后会导致较差的业绩，最终被市场发现，导致股价暴跌。

目前来看，负面信息隐藏假说受到理论界的普遍认同，研究者们基于该假说进行了大量有关股价崩盘风险影响因素的研究，并获得了较多证据支持。

二、股价崩盘风险的影响因素

在负面信息隐藏假说的基础上，中外研究者从上市公司信息披露质量、影响信息披露的内外部治理机制等多方面对股价崩盘风险的成因进行了解释，同时，也有部分研究者从公司行为、相关制度设计等方面分析股价崩盘风险的形成。

在上市公司的信息披露质量方面，部分研究者认为会计信息的诸多质量特征会影响负面信息的及时有效传递，从而导致股价崩盘风险。在外文文献中，哈顿、马科斯和特兰尼安（2009）通过对美国上市公司数据研究发现，公司财务报告的透明度越低，股价崩盘风险越高，而在《萨班斯-奥克斯利法案》颁布后，随着新制度的建立、市场环境的完善，企业盈余管理水平下降、隐藏信息的减少，财务报告透明度与股价崩盘风险之间的相关关系得到削弱；J. B. 奇姆和 L. 张（J. B. Kim and L. Zhang，2016）利用美国的公司样本研究发现，企业会计政策的稳健性越高，负面信息被隐藏的概率就越低，股价崩盘风险越低。在中文文献中，潘越、戴亦一和林超群（2011）以中国沪深A股公司为样本研究发现，信息透明度越低的个股发生股价暴跌的可能性越高，而证券分析师能通过对股票的关注与跟踪，大大降低信息透明度对个股股价暴跌风险的负相关关系。王冲和谢雅璐（2013）通过对A股样本公司的实证研究表明，公司股价的暴跌风险会随着会计稳健性的提高而降低，说明中国上市公司的会计稳健性对股价崩盘风险同样存在显著的治理效应。

在影响上市公司信息披露的内外部治理机制方面，部分研究者指出，相关治理机制将对公司负面信息的有效传递产生制约，从而进一步对股价崩盘风险产生影响。例如，曹丰、鲁冰、李争光和徐凯（2015）以中国A股公司为样本，研究发现机构投资者持股显著增加了股价崩盘风险，且这种相关关系在信息不对称程度较高的公司中表现得更强，在地区制度环境完善的情况下表现得更弱。孔东民和王江元（2016）通过对A股样本公司的数据检验发现，机构投资者的信息竞争能降低股价崩盘风险。梁权熙和曾海舰（2016）通过双重差分法研究发现，独立董事的正式引入显著降低了公司股价崩盘的风险，而且，独立董事的独立性会强化对于公司股价崩盘风险的治理作用。王化成、曹丰和叶康涛（2015）以中国A股公司为样本，研究发现大股东的持股比例提高会使股价崩盘风险显著下降，大股东通过监督效应影响了股价崩盘风险。姜付秀、蔡欣妮和朱冰（2018）以中国A股公司为样本，实证研究发现多个大股东的存在会降低股价崩盘风险，其他大股东对控股股东存在监督作用。熊家财（2015）利用中国A股非金融类上市公司数据研究发现，注册会计师的专业胜任能力能够降低股价崩盘风险，尤其是在信息不对称更严重的公司中，两者之间的负相关关系更为显著。罗进辉和杜兴强（2014）基于中国A股公司数据研究发现，媒体报道对公司股价崩盘风险也存在影响，频繁的媒体报道降低了股价崩盘风险且在制度环境越不完善的地区降低作用越强，媒体报道和制度环境两种外部机制对股价崩盘风险的影响相互交叉。

有关上市公司行为对股价崩盘风险的影响也被研究者关注，并得出了不少结论。例如，奇姆、李和张（Kim，Li and Zhang，2011a）发现，美国公司的税收规避行为提高了股价崩盘风险，原因在于避税提高了公司信息的不透明程度。而在中文文献中，江轩宇（2013）基于中国 A 股上市公司数据的实证研究也表明，公司经理人容易利用复杂的避税方式掩盖其利益侵占行为，因此，避税行为越激进，公司股价崩盘风险越大，税收征管则有助于降低这种效应。同时，江轩宇和许年行（2015）还发现，中国 A 股上市公司的过度投资行为加大了股价崩盘风险，股东与经理人之间的代理冲突是导致二者正相关关系的主要原因。此外，李增泉、叶青和贺卉（2011）发现，中国 A 股民营上市公司通过关系型交易提高了外界对交易行为的解读成本，降低了股价包含的特有信息，导致了更高的股价崩盘风险；谢德仁、郑登津和崔宸瑜（2016）发现，中国 A 股上市公司的股东股权质押行为降低了股价崩盘风险，原因在于主要利益相关方采取行动排除了股权质押的隐性险情，降低了股价崩盘风险。

在影响股价崩盘风险的相关制度设计及其他因素方面，研究成果亦是丰硕。褚剑和方军雄（2016）以 2010 年在中国 A 股市场开始实施的融资融券制度为对象，研究发现该制度不仅没有降低相关标的股票的股价崩盘风险，反而增加了其股价崩盘风险。林乐和郑登津（2016）以 2012 年沪深交易所推出的更严格的退市新规为对象，研究发现受退市新规影响的上市公司表现出更低的股价崩盘风险，得到了退市监管制度能够降低股价崩盘风险的结论。张俊生、汤晓健和李广众（2018）以沪深交易所的年报问询函为对象，研究发现作为一种预防性监管，年报问询函能够降低股价崩盘风险，而且，这种作用在信息透明度较低的公司中更为显著。而在其他影响股价崩盘风险的因素中，李小荣和刘行（2012）研究发现，女性 CEO 能够显著降低股价崩盘风险。叶康涛、曹丰和王化成（2015）研究发现，内部控制信息披露水平的提高能够显著降低股价崩盘风险，并且，在信息不对称程度高、盈利能力差的公司中表现更显著。黄政和吴国萍（2017）则发现了内部控制质量显著降低股价崩盘风险的证据，信息披露质量和代理成本发挥了中介作用。

总的来看，学术界虽然对股价崩盘风险的成因开展了大量实证研究并取得了较为丰硕的理论成果，然而，对这一问题的研究工作远未结束。除了传统的管理者机会主义动因、公司内外部治理机制之外，考虑管理者非理性特质、管理者背景特征、内部控制机制等因素，结合多种企业行为的场景，进一步探究股价崩盘风险的形成机制，仍需研究者们给予高度关注。

第二节　管理者非理性对信息披露行为偏差的影响

近年来，在行为经济学、高层梯队理论等学术思想的影响下，行为财务领域和行为会计领域的研究取得了长足进步。在这一趋势下，该领域研究者也开始关注管理者非理性特质对公司财务报告披露行为产生的影响。其中，出于可操作性的考虑，管理者过度自信、管理者背景特征等较易进行衡量的管理者特质，成为学者的重点研究方向。

在管理者过度自信方面，研究者考察了其对盈余管理、会计稳健性、盈利预测信息等产生的影响。其中，C. M. 施兰德和 S. L. C. 泽西曼（C. M. Schrand and S. L. C. Zechman，2012）指出，管理者过度自信水平越高，对企业发展越容易表现出过度乐观，越容易高估未来收益、低估面临的风险，而管理者更强的风险偏好则令他们愿意承担更大概率的损失，因此，虚报业绩的可能性更大。A. S. 艾哈迈德和 S. 杜来曼（A. S. Ahmed and S. Duellman，2013）发现，管理者过度自信水平越高，越容易高估公司投资项目的现金流，非理性地继续经营活动净现值已经为负的项目，并推迟对负面消息的确认，从而显示出较高的盈余激进度和较低的盈余稳健性；P. 贺巴和 H. 杨（P. Hribar and H. Yang，2016）发现，过度自信的管理者会表现出乐观倾向，这在他们对未来业绩进行展望时同样有所表现，从而披露偏乐观的盈利预测信息。何威风、刘启亮和刘永丽（2011）也指出，中国的 A 股上市公司管理者过度自信会带来更多盈余管理，同时，不同的过度自信倾向分别带来了正向的盈余管理和负向的盈余管理。孙光国和赵健宇（2014）利用中国的沪深 A 股上市公司数据，同样发现中国上市公司管理者过度自信降低了会计稳健性水平。操巍、谭怡和邓伟（2017）则基于中国的 A 股主板上市公司自愿发布的盈利预测样本，研究发现管理者过度自信会对自愿性盈利预测披露质量产生重大影响，表现为预测行为的频繁、更加及时以及预测准确度的降低等。

在管理者背景特征方面，研究者考察了包括管理者性别、年龄、学历、任职周期等对盈余管理、会计稳健性乃至财务重述等产生的影响。以中文文献为例，周泽将和修宗峰（2014）以中国的 A 股上市公司为样本，检验发现女性管理者显著降低了盈余管理程度，女性关键管理者（董事长和总经理）则调节了女性管理者与盈余管理之间的正相关关系，在国有企业中，女性关键管理者的调节作用更强。杜兴强、赖少娟和裴红梅（2017）使用中国上市公司数据分析发现，女性管理者比例与盈余管理之间存在倒“U”型关系。杜勇、张欢和陈建英（2018）以中国的 A 股非金融公司为样本，研究发现 CEO 的海外经历能够显著减少企业的盈余管理，且具有英美法系国家生活经历的 CEO 对盈余管理的负向作用更强。张兆国、刘永丽和谈多娇（2011）以中国的沪深 A 股上市公司为样本，检验了管理者背景特征对会计稳健性的影响，结果发现，管理者团队的平均年龄、平均任期、年龄异质性、董事长教育背景、财务总监教育背景、年龄和任期都对会计稳健性存在一定影响。何威风和刘启亮（2010）以 A 股财务重述公司为样本，检验了管理者背景特征对财务重述行为的影响，结果发现，管理团队规模、管理者性别与财务重述正相关，管理者年龄与财务重述负相关，管理者团队与董事长的性别差异和年龄差异对财务重述也有显著正向影响。王霞、薛跃和于学强（2011）以 A 股财务重述公司为研究样本，检验了财务总监（CFO）的财务专长对会计信息质量的影响，结果发现 CFO 财务专长降低了财务重述发生的概率与频率。

由此可见，管理者非理性特质显著影响了上市公司的信息披露行为，进而导致信息传递过程的偏差。进一步看，管理者对公司负面信息的披露意愿或许难免受到影响，最终导致负面信息无法高效传递与扩散、从而给公司股价带来更多波动和不确定性，深入研究该影响在股价崩盘风险生成过程中的作用机制，将具有一定的理论意义和实践意义。

第三节　内部控制的信息治理及对管理者非理性的约束作用

内部控制旨在提高企业经营管理水平和风险防范能力、促进企业可持续发展，内部控制体系的建立，在经营决策全过程的风险控制方面发挥着巨大作用。与此同时，其在提高上市公司信息披露水平方面的作用，同样需要关注和研究；并且，内部控制发挥的管理者约束作用，针对的将不仅是其机会主义行为，亦可能会抑制其非理性行为。对此，学术界已开展了一定数量的研究工作，并取得了较为正面的实证证据。

首先，内部控制在信息披露治理中发挥的作用。自 21 世纪初美国安然公司财务造假后，美国资本市场相继出现的财务造假丑闻给资本市场带来恶劣影响，为此，美国 2002 年颁布《萨班斯 - 奥克斯利法案》，要求上市公司披露内部控制信息并出具审计报告。在此背景下，美国的研究者开始探讨内部控制对会计信息披露的治理作用。J. 道尔、W. 格和 S. 麦维（J. Doyle，W. Ge and S. McVay，2007）对美国公司的研究发现，内部控制存在缺陷的公司更易出现账务处理差错，具有更低的盈余质量，且在对盈余质量变换衡量方法后该结论仍然成立。K. C. 陈、B. 法雷尔和 P. 李（K. C. Chan，B. Farrell and P. Lee，2008）在对美国公司的研究分析后发现，与没有报告内部控制缺陷的公司相比，报告内部控制缺陷的公司盈余管理的程度更高。S. H. 阿什博、D. W. 柯林斯、W. R. 金尼和 R. 拉方德（S. H. Ashbaugh，D. W. Collins，W. R. Kinney and R. Lafond，2008）对美国公司的研究同样发现，内部控制存在缺陷的公司与内部控制不存在缺陷的公司相比具有更大的异常应计利润，并且，在对内部控制缺陷进行修正后，这些公司的盈余质量有所提高。J.

阿尔塔姆罗和 A. 贝蒂（J. Altamuro and A. Beaty，2011）以美国加强内部控制监管为背景，研究发现内部控制监管提高了上市公司的信息质量。B. W. 高和 D. 李（B. W. Goh and D. Li，2011）以美国公司为样本，证实了上市公司内部控制提高会计稳健性的作用。

中文文献结合中国实际，考察了《企业内部控制基本规范》实施背景下内部控制机制对上市公司信息披露的促进作用。方红星和金玉娜（2011）基于 A 股上市公司自愿性内部控制鉴证报告，检验发现高质量内部控制能够抑制公司的应计盈余管理和真实活动盈余管理，获得合理保证的内部控制鉴证报告的公司盈余管理程度更低。徐虹、林钟高和韦慧玲（2014）对 A 股上市公司研究发现，披露内部控制鉴证报告降低了分析师的盈利预测误差，同时，这种降低作用主要体现在承销商分析师的盈利预测误差方面，而非承销商分析师盈利预测误差则未受明显影响。方红星和张志平（2012）以 A 股上市公司为样本，以应计/现金流模型计量条件稳健性，研究发现，在有效的内部控制约束下管理者的侥幸心理与机会主义行为会受到限制，从而使公司的条件会计稳健性增强，同时，内部控制质量提高的年份，其条件会计稳健性也高于内部控制质量没有变化的年份。此外，王迪、鲁威朝和杨道广（2019）基于 A 股公司的研究发现，高水平内部控制通过提升会计信息的可比性吸引更多分析师跟踪，并有效提升了分析师预测精准度、降低了分析师预测分歧度。

其次，内部控制对管理者非理性行为的约束作用。从机制设计角度来看，以风险控制为目标的内部控制体系在约束企业各部门人员机会主义行为方面的作用不言而喻，但内部控制能对管理者的非理性行为形成约束吗？杨雄胜（2012）指出，作为纠错防弊的内部控制，就是要保证公司各主体行为的合理性，其中，也包含对各种偏离理性行为的纠正。谢志华（2007）指出，以防范风险、控制风险为主要目的的内部控制，不仅能约束败德行为造成的风险，而且能发挥约束非理性决策风险的作用。就实证研究来看，研究者们对内部控制约束管理者非理性行为的效果考察仍然处于起步阶段，文献较为有限。例如，邢维全和宋常

（2015）以沪深 A 股公司为研究样本，在发现管理者过度自信降低会计稳健性水平的同时，也获得了高质量内部控制弱化二者相关关系的证据。陈娇娇和周芳竹（2016）以沪深主板上市公司为对象，研究发现管理者背景特征会影响审计收费，但是，高质量内部控制则会对其产生调节作用。郑培培和陈少华（2018）通过对 A 股上市公司的研究，发现高质量内部控制能够弱化管理者过度自信带来的过度现金持有问题。

就相关领域未来的研究方向而言，仍需进一步挖掘和探讨内部控制在上市公司信息披露中体现出的治理功能；在深入分析内部控制对公司管理者机会主义行为产生约束作用的同时，更应联系实际；在案例分析总结的基础上，应选取若干重要角度，探讨内部控制对管理者非理性行为的制约作用，丰富内部控制经济后果的相关文献。

第三章

管理者过度自信、内部控制与负面信息披露质量：证据及股价崩盘效应检验*

第一节 概　　述

作为证券市场平稳运行的基石，充分及时的信息披露在引导投资者合理决策、提高股票定价效率等方面意义重大，各国监管机构都为此制定了详细全面的信息披露规则并强制推动其执行。然而，纵观世界各国证券市场发展史，负面信息披露的失衡问题仍然长期存在且危害巨大：在管理者"报喜不报忧"的倾向之下（W. H. Beaver，1968），与较正面信息相比，上市公司负面信息的充分及时披露往往更难以得到保证，其后果便是大量负面信息积累后的集中释放，从而引发股价崩盘事件的频繁出现（Jin and Myers，2006；Hutton，Marcus and Tehranian，2009）。深入认识公司管理者负面信息披露行为的规律，以便建立行之有效的约束制度，已成为需要探究的重要现实问题。

什么影响了公司管理者的信息披露意愿，进而降低了负面信息披露的数量与质量？从既有文献看，基于机会主义假说，研究者揭示了管理

---

* 本章作者为郝东洋和上海交通大学安泰经济与管理学院硕士生刘晨。

者自愿披露的五大动机——资本市场交易动机、控制权竞争动机、股票报酬动机、诉讼成本动机、管理能力信号动机（P. M. Healy and K. G. Palepu，2001），这对理解该问题有较大启示。按照该理论，掌握了超级信息的公司管理者因能通过信息披露获得间接信息租金，因此，在信息披露过程中产生了自我服务意图，最终导致多种形式的信息偏差（王雄元，2005）。对负面信息的披露过程及披露动机而言，道理亦然。然而，随着近年来高层梯队理论的引入，上市公司信息处理及信息披露领域的研究者注意到，除了机会主义因素外，管理者非理性对财务信息的加工和传递过程同样作用显著。例如，有文献发现，管理者过度自信对财务重述、会计稳健性等存在较大影响（Schrand and Zechman，2012；Ahmed and Duellman，2013），管理者过度自信影响了管理者对交易和事项的中立性判断，产生了基于认知偏差的信息误报。联系到负面信息的披露过程，管理者非理性因素是否也在其中扮演着重要角色？具体来看，在管理者存在过度自信倾向时，是否会在公司处于经营不利的局势下，因乐观激进的判断而自信能轻易战胜危机，从而选择掩盖负面信息而非及时、全面地披露负面信息，最终带来负面信息披露失衡呢？对于该问题的回答，将有助于更全面地认识负面信息披露失衡的原因并寻找更为有效的治理途径，但从既有文献看，鲜有对此开展深入分析的实证研究。

事实上，从中国证券市场的实践来看，行事激进且过度自信的管理者对公司负面信息披露行为产生消极影响的案例并不鲜见。进一步看，倘若存在管理者过度自信导致的负面信息披露失衡问题，旨在防范风险、提高财务报告质量的内部控制制度能否起到积极作用？非理性的负面信息披露失衡、是否会带来股价崩盘风险的提升？对于这些问题的回答，不仅有助于探究负面信息披露非理性失衡的解决途径，而且有助于评价中国的内部控制制度实施的经济后果、丰富对股价崩盘风险影响因素的研究，在理论及实践上具有重要意义。针对以上问题，本章将通过实证研究进行分析。

中国上市公司的信息披露规则中并无针对负面信息披露的专门界

定，诸如“公司经营风险、重大不确定性事项以及业绩变化”等消极信息的披露大都在中国证监会颁布的《公开发行证券的公司信息披露内容与格式准则》① 以及证券交易所制定的上市规则等法规、规章约束下进行，并分布于上市公司重大事项的临时性公告或定期报告之中。并且，这些反映公司经营风险或盈利能力下降的负面信息披露方式灵活性大、难以量化，因此，较难从整体上衡量上市公司的负面信息披露水平，从而给实证研究带来困难。但应注意的是，作为及时性信息的重要提供途径之一，业绩预告尤其是业绩预减公告、业绩预亏公告的披露在自愿性、及时性、精确性、倾向性等方面给予了公司管理者一定的选择空间，其具体披露行为能够在相当程度上反映管理者对信息的提供意愿和披露质量，能够借此进行相应的实证研究。基于以上考虑，本章拟通过分析管理者过度自信能否影响公司负面业绩预告的披露意愿以及披露及时性、披露精确性、披露准确性等重要质量特征，研究过度自信这一管理者非理性特质对公司负面信息披露质量的影响，同时将考察现有内部控制制度是否对该影响具有调节约束作用及其对公司股价崩盘风险带来的影响。

以 2007 ~2016 年在自愿披露要求下发布负面业绩预告的 A 股上市公司为样本，本章实证研究发现以下三个方面的特征。

（1）管理者过度自信会降低上市公司负面业绩预告的披露自愿性，使负面业绩预告呈现出偏乐观的估计，并令负面业绩预告披露时间延后。综合来看，管理者过度自信整体上降低了上市公司负面信息的披露质量。（2）现有内控制度并未对前瞻性较强、主观性较强的业绩预告过程形成良好的约束。相反，因为内部控制通常被认为能够降低经营风险、提高经营效率，所以，较高的内部控制水平反而加重了管理者面对不利环境时“优于平均”的心态与乐观倾向，进一步降低了负面信息的披露质量。（3）管理者过度自信通过降低负面信息披露质量，加大了公司股价崩盘风险，负面业绩预告披露缺陷是管理者过度自信与公司

---

① 资料来源：《公开发行证券的公司信息披露内容与格式准则》，http：//www. csrc. gov. cn/csrc/c101864/c6df1268b5b294448bdec7e010d880a01/content. shtml。

股价崩盘风险正向关系的一个中介路径。

本章的贡献体现在四个方面。（1）以自愿披露要求下的负面业绩预告这一在披露意愿、披露时间、披露准确度、披露精确度、披露倾向等多方面给予上市公司管理者一定操控空间的信息披露形式为研究对象，检验了管理者过度自信对负面信息提供意愿、披露质量产生的影响，得到了负面信息披露因管理者非理性而产生失衡问题的实证证据。不仅丰富了管理者过度自信的经济后果方面的研究成果，而且提供了研究公司负面信息披露行为的相关方法，对于相关领域开展进一步研究提供了理论基础和方法借鉴。（2）考察了内部控制制度对过度自信管理者业绩预告行为是否存在治理作用。结果表明，内部控制不仅不能有效治理，还加重了管理者过度自信导致的负面信息预告质量问题。这提供了客观评价内部控制基本规范对公司前瞻性信息披露行为治理作用的实证证据，丰富了上市公司内部控制制度经济后果的研究成果。（3）通过中介效应检验法，先后证实了管理者过度自信对公司股价崩盘风险的正向作用以及负面业绩预告在二者之间的作用路径，这在一定程度上丰富了股价崩盘风险影响因素的相关文献。（4）本章的研究结论为资本市场投资者关注并防范管理者过度自信导致的信息披露质量问题提供了理论依据，也为相关监管部门治理上市公司管理者非理性导致的负面信息披露失衡问题拓宽了对策与思路。

第二节　政策背景、文献回顾与假设提出

一、政策背景

（一）业绩预告制度

中国上市公司的业绩预告制度始于 1998 年，当时仅要求预亏企业

在会计期间结束后，在年度报告披露前发布相应预告信息。随着资本市场的逐渐发展，中国上市公司的业绩预告制度进一步完善。在预告范围上，先后增加了业绩大幅下降或大幅上升（2001）、扭亏为盈（2007）等情况，业绩预告的对象也从单一的年报扩展到半年报（2001）和季报（2002）等。截至目前，中国上市公司的业绩预告可分为强制披露和自愿披露两大类各交易板块的具体规定。业绩预告强制性披露与自愿性披露的制度要求，见表 3－1。

表 3－1　　业绩预告强制性披露与自愿性披露的制度要求

类型	上海主板	深圳主板	中小板	创业板
强制性披露	预计年度经营业绩将出现：净利润为负值，净利润与上年同期相比上升或下降 50% 以上，实现扭亏为盈。应当进行业绩预告	预计全年度、半年度、前三季度经营业绩出现：净利润为负值，净利润与上年同期相比上升或下降 50% 以上，实现扭亏为盈。应当进行业绩预告	（1）应在第一季度报告、半年度报告和第三季度报告中披露对年初至下一报告期末的业绩预告。（2）预计第一季度业绩将出现：归属于上市公司股东的净利润为负值，净利润与上年同期相比上升或者下降 50% 以上（上一年第一季度基本每股收益绝对值低于或等于 0.02 元除外），与上年同期相比实现扭亏为盈。第一季度业绩预告的披露时间最迟不得晚于 3 月 31 日，在 3 月底前披露年度报告的公司，最迟应与年度报告同时披露第一季度业绩预告	预计全年度、半年度、前三季度经营业绩将出现：净利润为负值，净利润与上年同期相比上升或者下降 50% 以上，与上年同期或者最近一期定期报告业绩相比出现盈亏性质的变化，期末净资产为负。应当及时进行业绩预告
自愿性披露	（1）预计中期和第三季度业绩出现：净利润为负值，净利润与上年同期相比上升或下降 50% 以上，实现扭亏为盈。可以进行业绩预告。（2）其他情况	其他情况	其他情况	其他情况

续表

类型	上海主板	深圳主板	中小板	创业板
依据规章	上海证券交易所《股票上市规则》	《深交所上市规则》（2008年版）	《中小企业板信息披露业务备忘录第1号：业绩预告、业绩快报及其修正》	《创业板信息披露业务备忘录第11号——业绩预告、业绩快报及其修正》

资料来源：笔者根据上海证券交易所、深圳证券交易所上市规则和信息披露业务备忘录等整理而得。

（二）负面业绩预告界定

中国的业绩预告结果通常可划分为三大类：不确定、负面（包括首亏、续亏、增亏、预减和略减）、正面（包括扭亏、续盈、减亏、预增和略增）。因国内各研究数据库对业绩预告的具体分类存在细微差异，本章根据锐思（RESSET）金融数据库给出的定义，做出具体界定。该数据库共划分了11种业绩预告类型，分别是：（1）预亏（预计出现亏损，无法扭亏）；（2）预警（业绩存在不确定性；对业绩有负面性影响的警示，但不明确说明业绩大幅下降或大幅亏损）；（3）预盈（预计盈利、不出现亏损、扭亏为盈）；（4）预增（预计业绩增长、大幅度提高，增长××%以上等）；（5）预平（业绩同比变动不大、波动幅度不大、业绩持平）；（6）经营计划（如计划实现收入或利润××万元）；（7）减亏（预计亏损幅度或金额减少，大幅度减亏）；（8）预降（预计业绩大幅下降，如下滑××%以上）；（9）减增（业绩增长幅度比原预计减少，如增长不超过××%）；（10）提前披露（在定期报告公布前提前披露利润数据）；（11）减降（业绩下降幅度比原预计减少，如下滑不超过××%）。本书认为，第1类、第2类、第8类、第9类可以直接归入负面业绩预告；同时，针对第6类，在进行分析识别后，若发现实现的计划收入或实现的计划利润低于前一报告期，则认为属于负面业绩预告；针对第10类，在定期报告公布前提前披露的利润数据，若出现亏损、业绩下滑，可以归入负面业绩预告。

二、文献回顾

（一）管理者过度自信对公司财务决策、会计信息加工及披露行为的影响

自 D. C. 汉布里克和 P. A. 梅森（D. C. Hambrick and P. A. Mason，1984）提出高层梯队理论以来，管理者非理性特质及其经济后果的研究备受研究者关注。其中，大量心理学研究表明，人们往往认为自身能力优于平均水平并倾向于高估对事态的控制力（M. D. Alicke and O. Govorun，2005），从而导致过度自信的认知偏差。当管理者出现过度自信时，就易对公司财务决策、会计信息加工及披露行为产生影响。

在财务决策方面，管理者过度自信会诱使其做出一系列偏误决策并体现在公司投资和融资等行为上。例如，过度自信的管理者会乐观估计投资项目未来的现金流、选择性忽视投资过程中的负面信息，使公司投资净现值为负的项目，并在其后因管理者对自身“翻盘”能力的盲目自信而错失终止该项目的机会，从而出现过度投资（J. B. Heaton，2002；U. Malmendier and G. Tate，2003；余明桂、李文贵和潘红波，2013）。同时，对项目未来投资收益的过高估计，则会让过度自信的管理者放弃那些将稀释未来收益索取权的权益融资，转而选择债务融资来筹措资金，从而导致更高的公司资产负债率甚至导致公司陷入财务困境（余明桂、夏新平和邹振松，2006；姜付秀、张敏、陆正飞和陈才东，2009）。

在会计信息加工及披露方面，过度自信带来的乐观偏误会影响管理者对公司经营状况的中立性判断，从而造成会计信息及其披露质量下降。就会计信息质量层面看，管理者过度自信主要降低了公司的会计稳健性（孙光国和赵健宇，2014；罗劲博，2014），提高了盈余管理水平（何威风，刘启亮和刘永丽，2011），使公司的盈余质量显著降低。在信息披露方面，因为过度自信管理者在心理上排斥观察到的负面信息，

所以，会有意识地向更积极的方向对外揭示已有信息，或直接隐藏坏信息，这种信息披露行为往往带来严重后果（J. B. Kim，Z. Wang and L. Zhang，2016）。对此，有研究者指出，大多数企业最初的虚假陈述并非是有意识的自利行为，而是过度自信的管理者乐观错觉的一种表现（Schrand and Zechman，2012），为了维持先前的乐观披露，这些管理者随后有意识地增加虚假陈述。由此可见，只有在不确定状态下由管理者自愿提供信息时，以“能够确信把握时局并克服负面冲击”为本质特征的管理者过度自信，才会充分显示其对信息披露的影响力。正因如此，近年来，自愿提供前瞻性信息的盈利预测行为就成为研究者检验管理者非理性信息披露行为的重要研究对象。例如，贺巴和杨（Hribar and Yang，2016）以美国公司为样本发现，过度自信的管理者会提供更加精确、更加乐观的盈利预测。中文文献发现，过度自信的管理者会更加自愿、更加频繁、更加及时地发布精准度较低的盈利预测（操巍、谭怡和邓伟，2017）。

（二）内部控制的信息治理效应

作为一项贯穿经营全流程的制度安排，内部控制通过对企业运作的持续监督与权力制衡，可以有效地帮助企业控制经营风险、提升业务合规性、提高经营效率并保障财务报告的可靠性。近年来，各国监管者对此均十分重视。中国深交所在 2006 年推出《上市公司内部控制指引》[①]，相关政府部门也在 2008 年制定并推出了《企业内部控制基本规范》[②]，旨在通过授权审批、职能分工、绩效考核等控制手段来规范公司运作，提高企业经营管理水平和风险防范能力，促进企业可持续发展。为探究中国内部控制基本规范施行以来的成效，研究者开展了大量实证研究。结果表明，通过对企业各运营环节的监督和把控，良好

① 资料来源：深交所发布《上市公司内部控制指引》，https：//www. szse. cn/aboutus/trends/news/t20060928_517526. html。

② 资料来源：五部门发布我国第一部《企业内部控制基本规范》，https：//www. gov. cn/gzdt/2008 –06/28/content_1030188. htm。

的内部控制体系有助于制约管理者的过度冒险行为，降低非效率投资并提升会计信息质量。具体而言，较多文献发现，高质量内部控制能够有效抑制企业的非效率投资（方红星和金玉娜，2013；李婉丽、谢桂林和郝佳蕴，2014）。也有研究者认为，内部控制对过度投资的抑制作用受制于管理层权力，当管理层权力集中时，内部控制对过度投资的抑制作用将不再显著（干胜道和胡明霞，2014）。在会计信息质量方面，有研究者发现，内部控制提高了上市公司盈余反应系数和盈余持续性（董望和陈汉文，2011）、降低了盈余管理程度和财务重述频率并提高了会计稳健性（方红星和金玉娜，2011；刘启亮、罗乐、张雅曼和陈汉文，2013；方红星和张志平，2012）。这与外文文献中内部控制提高会计信息质量的研究结果基本一致（Ashbaugh – Skaife，Collins，Kinney and Lafond，2008；Z. Singer and H. You，2011；Goh and Li，2011）。

综合来看，以上相关文献的主要缺陷在于，虽然研究者们将管理者过度自信影响信息披露的研究焦点汇聚于盈利预测这一兼具前瞻性和自愿性，从而能体现出管理者乐观偏差影响的信息披露行为之上，但是却没有很好地区分盈利预测信息的“好与坏”，也未在内部控制等特定企业环境下对上述影响力的作用差异进行考察。而事实上，这些被忽略的问题在理论上和实践上有极为重要的意义。毕竟相对于正面信息披露而言，负面信息披露的失衡问题在现实中更常见而且危害更大。此外，虽然各国监管者在促进负面信息及时、充分披露方面制定了较多制度规则，但是，这些制度规则基于抑制管理者机会主义披露行为的治理思路却仍然屡屡失效，亟须研究者从管理者非理性角度寻找治理的方向。同时，在现实中，旨在防范风险、提高财务报告质量及信息披露质量的内部控制制度在解决管理者非理性导致的信息披露失衡方面作用究竟如何，也是监管者在制定和完善治理规则之前需要厘清的关键问题。

三、假设提出

（一）管理者过度自信与负面业绩预告质量

自愿披露下的负面业绩预告，在预告形式和披露方式方面表现出较强的可操控性，因此，其质量会受到管理者自利动机和心理因素的共同影响。本书认为，在既有研究发现的诸如企业规模、盈利情况、董事会结构、机构投资者持股、股权激励等因素之外（L. S. Bamber and Y. S. Cheon，1998；B. Ajinkya，S. Bhojraj and P. Sengupta，2005；S. L. Buzby，1975；R. N. Freeman，2006；M. H. Lang and R. J. Lundholm，1996；S. H. Penman，1980；D. Aboody and R. Kasznik，2000；I. Karamanou and N. Vafeas，2005），管理者过度自信倾向也可能从披露的自愿性方面、预告的倾向性方面、预告的及时性方面、预告的精确性方面、预告的准确性方面等对企业负面业绩预告的质量产生影响。

1. 披露的自愿性方面

过度自信的管理者倾向于高估自身能力，不愿意过早承认失败，因此，即使在经营状况不太乐观时，过度自信的管理者仍会在“控制幻觉”作用下，相信能够力挽狂澜、逆转颓势，导致他们会竭力“捂住坏消息”，以免外界质疑其经营能力（Heaton，2002；Malmendier and Tate，2003；Kim，Wang and Zhang，2016）。除非被要求强制披露坏消息，否则，过度自信的管理者往往不会选择自觉、主动地公开已经出现的负面业绩信息。此外，因为过度自信会导致一系列非效率决策的发生，并增大经营风险进而损害公司价值，所以，管理者过度自信的企业业绩降幅往往较大，容易直接达到强制披露的要求，这也从客观上降低了过度自信管理者发布自愿性负面预告的概率。基于此，本书认为管理者过度自信会减少公司自愿性的负面业绩预告。

2. 预告的倾向性方面

过度自信的重要特征是管理者自认为优于平均，这种乐观的倾向会导致管理者错误评估当前的经营形势，低估可能的经营风险而高估潜在的经营机会。贺巴和杨（Hribar and Yang，2016）指出，在预测企业发展趋势和收益时，过度自信的管理者往往会高估投资收益或制定较高的盈利目标。而在公司业绩呈现负面变化的情况下，上述乐观估计盈利的倾向也会得到体现。基于此，本书认为在进行负面业绩预告时，过度自信的管理者容易产生乐观偏误倾向，低估业绩下滑或亏损的程度。

3. **预告的及时性方面**

过度自信的管理者会充分相信自己对当前局势及未来局势的控制力，自认为完全有能力扭转不利态势、将公司业绩提升至理想水平（Alicke and Govorun，2005）。在公司经营不利的情况下，除非毫无回旋余地，过度自信的管理者总会寄希望于不良业绩"惊天反转"，从而尽一切努力拖延对负面信息的披露，以最大限度保全自己的声望不受损害。基于此，本书认为在进行负面业绩预告时，管理者过度自信会降低预告的及时性。

4. **预告的精确度方面**

前瞻性信息披露的精确度体现了管理者个人对未来的把握程度，当管理者对未来有更强的把握时，倾向于发布更高精确度的业绩预测。过度自信的管理者对自身的判断力极为信任，并认为自己有能力将业绩亏损或下滑控制在预测范围内，因此，在发布负面业绩预告时，他们会倾向于选择精确度更高的披露形式。基于此，本书认为在进行负面预告时，管理者过度自信会提高预告精确度。

5. **预告的准确度方面**

在充分把握经营状况的前提下，前瞻性信息的准确度较大程度上依赖于管理者对经营不确定性的客观中立判断。而过度自信的管理者在进行负面业绩预测时会过度依赖自身的主观想法和偏好，并选择性地忽略自认为无关的信息。这种过分重视自我判断而忽视外部信息的倾向，会导致预测偏误增大、预告准确性降低。基于此，本书认为在发布负面业绩预告时，管理者过度自信会降低负面业绩预告的准确度。综上所述，本书提出以下假设：

假设3-1a：管理者过度自信会降低公司负面业绩预告披露的自愿性；

假设3-1b：过度自信的管理者在披露负面业绩预告时会给出具有乐观倾向的估计；

假设3-1c：过度自信的管理者会尽量拖延公司负面业绩预告的披露；

假设3-1d：过度自信的管理者倾向于披露精确度更高的负面业绩预告；

假设3-1e：管理者过度自信会降低公司披露的负面业绩预告精确度。

（二）内部控制、管理者过度自信与负面业绩预告质量

2006年，上交所和深交所分别推出了各自的《上市公司内部控制指引》[①]；2008年，财政部制定发布了《企业内部控制基本规范》并要求先在上市公司执行[②]。上述制度要求上市公司实施贯穿企业经营全流程的一系列监督程序与控制程序，从而降低企业经营风险、提升企业经营效率并防范企业财务舞弊。在相关实践基础上，国内研究者对内部控制治理效应进行了一系列的研究。有研究表明，内部控制对管理者过度自信具有一定的监督作用和纠正作用，良好的内控制度可以降低管理者的权力自由度和控制力，从而抑制非效率投资、降低盈余管理程度并提高会计信息质量（刘启亮、罗乐、张雅曼和陈汉文，2013）。在这一结论的思路下，或可预期内部控制将在管理者过度自信与负面业绩预告质量关系中发挥负向调节作用。具体而言，较高质量的内部控制或将通过对管理者的约束而减轻其“控制幻觉”，从而减少因管

① 资料来源：深交所发布《上市公司内部控制指引》，https：//www.szse.cn/aboutus/trends/news/t20060928_517526.html。

② 资料来源：五部门发布我国第一部《企业内部控制基本规范》，https：//www.gov.cn/gzdt/2008-06/28/content_1030188.htm。

理者过度自信带来的非理性行为和预测偏差，最终提高负面业绩预告的披露质量。

更应注意的是，有研究认为在特定的公司内部环境下，例如，在管理者权力过于集中的情况下，内部控制抑制过度投资、改善会计信息质量的作用将不明显（干胜道和胡明霞，2014；刘启亮、罗乐、张雅曼和陈汉文，2013）。此外，内部控制虽然有助于抑制管理者财务舞弊，但是，对公司业绩预告行为的约束作用则不明确，毕竟业绩预告行为与财务报告信息的生成过程及披露过程并不相同。作为事前信息披露手段的业绩预告，主观操控性强，同时未被列入内部控制制度的主要监控范围。因此，并无充分理由支持内部控制对负面业绩预告质量的促进作用。相反，高质量内部控制制度的存在，可能在较大程度上强化自信管理者的“优于平均”心态，从而引发更严重的负面业绩预告质量问题。具体而言，内部控制普遍被认为能够降低企业经营风险、助力其实现战略目标，因此，在公司面临不利经营环境、业绩承受负面冲击时，过度自信的管理者会坚定地认为凭借企业出色的内控体系可以顺利渡过危机，并认为企业的业绩下滑程度将比其他内控水平落后的企业更低。这种对内部控制的过度期望将加重管理者过度自信对负面业绩预告质量的不利影响，使其更加无意愿提供及时的负面业绩预告，并倾向于发布乐观倾向更强、精确度更高、准确度更差的负面业绩预告。

综上所述，内部控制可能给过度自信管理者负面业绩预告行为带来不同方向的影响，本书因此提出如下竞争性假设：

假设3-2a：较高的内部控制水平可以更好地约束管理者过度自信行为，从而对管理者过度自信导致的负面业绩预告质量问题产生负向调节作用；

假设3-2b：较高的内部控制水平会加重管理者面对不利经营环境时的乐观倾向，从而对管理者过度自信导致的负面业绩预告质量问题产生正向调节作用。

第三节　研究设计

一、样本选择与数据来源

中国上市公司的《上市公司内部控制指引》颁布于2006年，因此，考虑到上市公司的实施时间，本书将样本期间选择为2007～2016年。在以该期间沪深A股上市公司为研究样本的基础上，根据研究需要，剔除了：（1）金融类上市公司；（2）ST类上市公司和*ST类上市公司；（3）数据缺失的样本上市公司，最终获取了14921个有效观测值。数据来源方面，本书采用的业绩预告数据来自RESSET金融研究数据库，内部控制指数来自迪博数据库，其他的上市公司财务数据、机构投资者持股比例、融资需求等数据均来自CSMAR数据库。为消除异常值对实证结果的影响，本书还对所有连续变量进行了1%的水平上的Winsorize处理。

二、模型设定与变量定义

（一）被解释变量

根据既有研究方法（高敬忠、周晓苏和王英允，2011；王玉涛和王彦超，2012；马连福、沈小秀和王元芳，2013；万鹏和陈翔宇，2016），本书采用预告的自愿性、预告的及时性、预告的精确性、预告的准确性、预告的倾向性五方面特征反映负面业绩预告的整体质量，其中，预告的自愿性和预告的倾向性反映管理者业绩预告披露的行为特征，而预告的及时性、预告的精确性和预告的准确性则反映业绩预告的信息质量。具体包括：（1）负面业绩预告披露的自愿性，反映管理者披露负面业绩预告的意愿，当管理者在自愿披露条件下发布负面业绩预告时取值为1，否则取值为0。(2) 负面业绩预告披露的倾向性，反映管理者在披露负面业绩预告时表现出的乐观倾向或悲观倾向，当负面业绩预告闭区间中值减去财务报告净利润实际值大于0时取1，表示乐观倾向；否则取0，表示悲观倾向。(3) 负面业绩预告披露的及时性，反映的是管理者能够在财务报告日前后多久向外预告业绩情况，采用财务报告日与业绩预告发布日之间的间隔天数衡量，正值表示提前于财务报告日披露，负值表示在财务报告日结束后披露，数值越大表示披露越及时。(4) 负面业绩预告披露的精确性，反映管理者能在多大程度上控制业绩预告的区间。中国上市公司的业绩预告中披露方式包括了定性、定量两大方式，其中定量方式包括开区间、闭区间、点值三种具体形式。显然，定性方式及开区间方式过于笼统，因此，都不具备精确性特征。相反，闭区间及点值方式则具有一定的精确性，当然点值可以理解为闭区间形式的特殊情况。基于此，可以以闭区间和点值预测为观察对象，考察此类预测的精确度。具体衡量方法是 Precision =（负面业绩预告的净利润上限 - 负面业绩预告的净利润下限）/abs[（负面业绩预告净利润上限 + 负面业绩预告净利润下限）/2] =（负面业绩预告的净利润上限 - 负面业绩预告的净利润下限）/（负面业绩预告净利润平均值的绝对值），得出的数值越大表明精确度越差，接近于0或点值预测表明精确度越高。(5) 负面业绩预告的准确度，反映管理者对公司实际业绩预测的偏离程度。该指标针对采取闭区间或点值预测形式的样本进行设置，衡量方法是 Accuracy = abs[（负面业绩预告闭区间中值 - 财务报告净利润实际值）/财务报告净利润实际值]，数值越小表明预测准确度越高，反之，表明预测准确度越低。

（二）解释变量

根据中外文相关文献，现有的管理者过度自信衡量方法大致有表3-2中所列的10类。管理者过度自信的衡量指标，见表3-2。

表 3-2　管理者过度自信的衡量指标

序号	衡量指标	指标来源	国内的可行性	宏观/微观	解释力	是否信息披露行为	指标导向性
1	行权期内管理者持有的股票数量或股票期权数量净增长	马尔门迪尔和泰特（Malmendier and Tate，2005），Y. 林、S. 胡和M. 陈（Y. Lin，S. Hu and M. Chen，2005），郝颖（2005），叶蓓（2008）	可行	微观	强	否	结果
2	管理者的相对薪酬	M. L. A. 海沃德和 D. C. 汉布里克（M. L. A. Hayward and D. C. Hambrick，1997），姜付秀、张敏、陆正飞和陈才东（2009）	可行	微观	强	否	动因
3	企业业绩盈利预测偏差指标	林、胡和陈（Lin，Hu and Chen，2005），姜付秀、张敏、陆正飞和陈才东（2009），王霞、张敏和于富生（2008），余明桂、夏新平和邹振松（2006）	可行	微观	强	是	—
4	公司的最近历史业绩	海沃德和汉布里克（Hayward and Hambrick，1997）	可行	微观	强	是	—
5	投资过度	艾哈迈德和杜来曼（Ahmed and Duellman，2013）	可行	微观	弱	—	—
6	企业景气指数	余明桂、夏新平和邹振松（2006）	可行	宏观	—	—	—
7	消费者情绪指标	B. R. 奥立佛（B. R. Oliver，2005）	不可行	—	—	—	—
8	相关主流媒体对管理者评价	海沃德和汉布里克（Hayward and Hambrick，1997），马尔门迪尔和泰特（Malmendier and Tate，2005），S. 德什穆克、A. M. 盖尔和 K. M. 豪（S. Deshmukh，A. M. Geol and K. M. Howe，2013）	不可行	—	—	—	—
9	管理者身份	S. 巴罗斯（S. Barros，2007）	不可行	—	—	—	—
10	CEO 实施并购的频率	J. A. 窦卡思和 D. 佩梅萨斯（J. A. Doukas and D. Petmezas，2007）；吴超鹏、吴世农和郑方镳（2008）	不可行	—	—	—	—

注："—"表示无内容。

资料来源：笔者根据中外文文献对管理者过度自信指标的衡量方法汇总整理而得。

由表3－2可知，从数据的可得性看，指标1～指标6在中国具有一定可行性。而考虑到行业景气指数属于以行业为单位公布的宏观数据，解释单个企业管理者过度自信较为勉强，因此，指标6不予采用；此外，中国上市公司过度投资较多受代理问题影响，因此，用指标5反映管理者过度自信的说服力较弱，故不予采用；考虑到指标3与指标4均为业绩指标，而本书关注的是管理者过度自信对公司财务信息披露的影响，因此，为避免研究过程中的自选择问题，也不予采用。在指标1和指标2中，考虑到指标2的管理者相对薪酬（采用管理者前三名薪酬占管理者总薪酬的比例衡量）属于易导致管理者权威形成，进而诱发管理者过度自信倾向的动因型指标，并不必然导致管理者过度自信进而引发相应结果；而指标1通过股票增持行为反映出管理者过度自信，和负面信息披露同属于结果指向型变量，因此，综合权衡之下，本书选取指标1作为过度自信的代理变量。具体而言，指标1“管理者持股”采用虚拟变量形式，识别标准为管理层是否在公司股票年度收益率低于当期所处行业股票平均年度收益率时，仍不减持所持股票（即 $Ret_{i,t} - IndustryRet_{i,t} < 0$ 且 $MSR_{i,t} \geq MSR_{i,t-1}$，其中，$RET_{i,t}$表示公司i考虑现金股利的股票年度t的收益率，$IndustryRet_{i,t}$表示公司i所在行业考虑现金股利的股票平均年度t收益率，行业根据中国证监会二级行业门类划分；$MSR_{i,t}$表示公司i的管理者在第t期末对所在公司的持股比例），符合识别标准取值为1；否则，取值为0。此外，在稳健性测试中，本书将采用指标2做进一步检验。

（三）调节变量及控制变量

设置调节变量内部控制指数水平（InCon），根据迪博2007～2016年内部控制指数按年度进行百分位排序（升序）后得出。借鉴既有研究，本章选取控制变量为：公司规模（Size）、财务杠杆（Lev）、当年或下一年是否有增发行为或配股行为（Issue）、公司是否由四大会计师事务所审计（Big4）、产权性质（State）、公司自由现金流（Fcash）、市净率（MB）、盈利波动性（ROAsd）、期末机构投资者持股比例（Inst）。变量定义及计算方法，见表3－3。

表 3－3　　变量定义及计算方法

变量类型	变量符号	变量名称	计算方法
被解释变量 $NEFQuality_{i,t+1}$	$Voluntary_{i,t+1}$	负面业绩预告披露的自愿性	公司 i 在第 t+1 年根据自愿披露要求发布负面业绩预告取 1，否则取 0
	$Tendency_{i,t+1}$	负面业绩预告的倾向性	公司 i 在第 t+1 年的负面业绩预告闭区间中值减去公司 i 在第 t+1 年的财务报告净利润实际值，大于 0 取 1，表示乐观倾向；小于或等于 0 则取 0，表示悲观倾向
	$Timeliness_{i,t+1}$	负面业绩预告的及时性	财务报告日减去公司 i 在第 t+1 年的业绩预告日，正数表示提前预告
	$Precision_{i,t+1}$	负面业绩预告形式上的精确性	公司 i 在第 t+1 年的（负面业绩预告的净利润上限－负面业绩预告的净利润下限）/[1/2×abs(负面业绩预告净利润上限＋负面业绩预告净利润下限)]，数额越接近于 0，表示越精确
	$Accuracy_{i,t+1}$	负面业绩预告实质上的准确性	公司 i 在第 t+1 年的 Abs[(负面业绩预告闭区间中值－财务报告净利润实际值)/财务报告净利润实际值]，数值越小，表示越准确
解释变量	$Overcon_{i,t}$	管理者过度自信的管理者持股行为测量指标	公司 i 在第 t 年如果出现股票年度收益率低于当期所处行业的股票平均年度收益率仍不减持所持股票取 1，即表示过度自信
调节变量	$InCon_{i,t}$	内部控制指数水平	公司 i 在第 t 年的内部控制水平，根据迪博 2007～2016 年内部控制指数按年度进行百分位排序（升序）后得出，越接近 1，表示质量越好
控制变量	$Fcash_{i,t}$	自由现金流	公司 i 在第 t 年的（公司自由现金流）/总资产
	$ROAsd_{i,t}$	盈利波动性	用公司 i 在第 t 年的前五年资产收益率（ROA）的标准差衡量
	$MB_{i,t}$	市净率	公司 i 在第 t 年末每股市价/每股净资产
	$Size_{i,t}$	公司规模	公司 i 在第 t 年末的总资产金额自然对数
	$Lev_{i,t}$	财务杠杆率	公司 i 在第 t 年年末资产负债率
	$Issue_{i,t}$	再融资动机	公司 i 在第 t 年当年和下一年是否有增发或配股行为，如有取值为 1，否则取 0

续表

变量类型	变量符号	变量名称	计算方法
控制变量	$Big4_{i,t}$	四大会计师事务所审计	公司 i 在第 t 年的审计机构如果为国际四大会计师事务所，取值为 1，否则为 0
	$Inst_{i,t}$	机构投资者持股	公司 i 在第 t 年末的机构投资者持股比例
	$State_{i,t}$	产权性质	公司 i 在第 t 年的实际控制人若为国有单位则取值为 1，否则为 0
	Ind	行业	以中国证监会 2012 年行业分类为标准，设置行业哑变量，属于该行业为 1，否则为 0
	Year	年度	年度哑变量，属于该年度为 1，否则为 0

资料来源：笔者根据本章变量定义的方法整理而得。

（四）模型设置

1. 管理者过度自信与负面业绩预告质量的关系模型

为检验假设 3－1，本章以负面业绩预告质量 $NEFQuality_{i,t+1}$ 为被解释变量，分别用负面业绩预告的自愿性、预告的倾向性、预告的及时性、预告的精确性、预告的准确性指标进行替代，构建式（3－1）。

$$\begin{aligned}NEFQuality_{i,t+1} = {} & \beta_0 + \beta_1 Overcon_{i,t} + \beta_2 Fcash_{i,t} + \beta_3 MB_{i,t} \\ & + \beta_4 Size_{i,t} + \beta_5 Lev_{i,t} + \beta_6 Issue_{i,t} + \beta_7 Big4_{i,t} \\ & + \beta_8 Inst_{i,t} + \beta_9 State_{i,t} + \beta_{10} ROAsd_{i,t} + \sum Ind \\ & + \sum Year + \varepsilon_{i,t}\end{aligned} \tag{3-1}$$

2. 内部控制对管理者过度自信与负面业绩预告质量关系的影响模型

为检验假设 3－2，在式（3－1）的基础上添加内部控制变量 $InCon_{i,t}$ 为调节变量，构建式（3－2）。

$$\begin{aligned}NEFQuality_{i,t+1} = {} & \beta_0 + \beta_1 Overcon_{i,t} + \beta_2 Incon_{i,t} \\ & + \beta_3 Overcon_{i,t} \times Incon_{i,t} + \beta_4 Fcash_{i,t} + \beta_5 MB_{i,t} \\ & + \beta_6 Size_{i,t} + \beta_7 Lev_{i,t} + \beta_8 Issue_{i,t} + \beta_9 Big4_{i,t}\end{aligned}$$

$$+ \beta_{10}Inst_{i,t} + \beta_{11}State_{i,t} + \beta_{12}ROAsd_{i,t} + \sum Ind + \sum Year + \varepsilon_{i,t} \quad (3-2)$$

在式（3－2）中，对连续型变量 $InCon_{i,t}$ 进行了中心化处理，使用 $C\_InCon_{i,t}$ 进行回归。

第四节　实证结果与实证分析

一、描述性统计结果与分析

描述性统计分析，见表 3－4。

表 3－4　描述性统计分析

变量	样本数	平均值	最小值	中位数	最大值	标准差
$Voluntary_{i,t+1}$	14921	0.394	0	0	1	0.489
$Tendency_{i,t+1}$	10500	0.610	0	1	1	0.488
$Timeliness_{i,t+1}$	14921	21.722	－119	－3	342	58.318
$Precision_{i,t+1}$	10458	0.408	0	0.286	2	0.466
$Accuracy_{i,t+1}$	10500	0.395	0.001	0.127	7.208	0.959
$Overcon_{i,t}$	14921	0.105	0	0	1	0.306
$InCon_{i,t}$	14921	0.381	0	0.331	1	0.261
$ROAsd_{i,t}$	14921	0.043	0.003	0.028	0.356	0.051
$Fcash_{i,t}$	14628	0.001	－0.448	0.011	0.273	0.110
$MB_{i,t}$	14921	4.209	0.521	2.851	33.175	4.596
$Size_{i,t}$	14921	21.632	11.913	21.445	28.510	1.273
$Lev_{i,t}$	14921	0.440	0.033	0.438	0.976	0.231
$Issue_{i,t}$	14921	0.228	0	0	1	0.419
$Big4_{i,t}$	14921	0.037	0	0	1	0.189

续表

变量	样本数	平均值	最小值	中位数	最大值	标准差
$Inst_{i,t}$	14921	0.156	0	0.081	0.992	0.184
$State_{i,t}$	14921	0.391	0	0	1	0.488

资料来源：笔者根据本章使用的样本数据运用 Stata 14.0 软件计算整理而得。

通过表 3－4 可以看到：（1）负面业绩预告披露的自愿性（$Voluntary_{i,t+1}$）均值为 0.394，这表明在样本期内，上市公司在自愿披露要求下，自愿发布负面业绩预告的比例为 39.4%，这说明上市公司主动披露“坏消息”的意识有待加强，大概率存在信息披露失衡现象；（2）负面业绩预告的倾向性（$Tendency_{i,t+1}$）均值为 0.610，这表明上市公司在披露负面信息时普遍存在乐观倾向，有 61.0% 的负面业绩预告低估了实际的亏损或业绩下降情况；（3）负面业绩预告的及时性（$Timeliness_{i,t+1}$）均值为 21.722，这表明上市公司平均在财务报告日前 21 天对外公布负面业绩预告信息，但从 58.318 的标准差来看，公司披露及时性的差异度较大。而若从中位数的角度看，大多数企业会滞后 3 天发布相关“坏消息”；（4）负面业绩预告形式上的精确性（$Precision_{i,t+1}$）的均值为 0.408，可知大部分上市公司以区间形式进行负面业绩预测，而采取点值预测的企业极少；（5）负面业绩预告准确性（$Accuracy_{i,t+1}$）的均值为 0.395，表明上市公司平均误差率达到 39.5%，负面业绩预告的准确性较差，预测水平仍有待提升；（6）若以持股行为衡量管理者过度自信水平，则在样本期内，管理者过度自信比例达 10.5%，而这些管理者的过度自信倾向如何影响负面信息披露质量正是本书研究的重点。

二、回归统计结果与分析

（一）管理者过度自信与负面业绩预告质量

为检验假设 3－1，本节以负面业绩预告质量的五个指标为被解释变量对式（3－1）进行回归。管理者过度自信与负面业绩预告质量，见表3－5。其中，第（1）列、第（2）列以自愿性（$Voluntary_{i,t+1}$）、倾向性（$Tendency_{i,t+1}$）两个虚拟变量为被解释变量，采用Logit回归；第（3）列、第（4）列、第（5）列分别以及时性（$Timeliness_{i,t+1}$）、精确性（$Precision_{i,t+1}$）、准确性（$Accuracy_{i,t+1}$）三个连续变量为被解释变量，采用线性回归。经F检验和Hausman检验，本书采取固定效应模型对样本数据进行多元回归分析，结果显示出以下三个特征。

表3－5　　管理者过度自信与负面业绩预告质量

变量	（1）Logit	（2）Logit	（3）FE	（4）FE	（5）FE
	$Voluntary_{i,t+1}$	$Tendency_{i,t+1}$	$Timeliness_{i,t+1}$	$Precision_{i,t+1}$	$Accuracy_{i,t+1}$
$Overcon_{i,t}$	－0.152** （－1.99）	0.199** （2.14）	－3.543** （－2.17）	－0.003 （1.17）	0.055 （1.42）
$MB_{i,t}$	0.015** （1.99）	0.019** （2.20）	0.027 （0.17）	0.001 （0.68）	0.000 （0.10）
$Fcash_{i,t}$	0.496** （2.10）	0.102 （0.41）	7.495 （1.56）	0.032 （0.64）	－0.144 （－1.23）
$ROAsd_{i,t}$	－2.291*** （－2.82）	－0.023 （－0.02）	4.874 （0.24）	－0.226 （－0.89）	－0.641** （－2.04）
$Size_{i,t}$	0.361*** （5.67）	－0.090 （－1.31）	－2.364 （－1.52）	0.072*** （3.73）	－0.022 （－0.80）
$Lev_{i,t}$	－2.073*** （－7.67）	0.406 （1.42）	－19.684*** （－2.75）	－0.155** （－2.27）	0.126 （1.07）
$Issue_{i,t}$	0.227*** （3.03）	－0.105 （－1.41）	1.429 （0.91）	0.034* （1.90）	0.062* （1.80）
$Big4_{i,t}$	－0.445 （－1.25）	－1.161** （－2.33）	0.732 （0.11）	0.006 （0.09）	－0.232 （－1.14）
$Inst_{i,t}$	－1.600*** （－7.04）	－0.011 （－0.05）	39.961*** （6.86）	－0.026 （－0.47）	－0.040 （－0.38）
$State_{i,t}$	－0.150 （－0.84）	0.130 （0.58）	1.191 （0.23）	－0.036 （－0.50）	－0.061 （－0.69）
cons	－2.794*** （－3.52）	－0.129 （－1.26）	76.154** （2.26）	－1.151*** （－2.74）	0.781 （1.31）

续表

变量	(1) Logit	(2) Logit	(3) FE	(4) FE	(5) FE
	$Voluntary_{i,t+1}$	$Tendency_{i,t+1}$	$Timeliness_{i,t+1}$	$Precision_{i,t+1}$	$Accuracy_{i,t+1}$
Ind/Year	控制	控制	控制	控制	控制
观测值数	9063	8209	14628	10255	10297
Pseudo - R^2/ R^2(within)	0.078	0.071	0.087	0.069	0.078

注：括号内是对标准误进行异方差稳健处理及公司层面群聚调整后的 t 值或 z 值，***、**、* 分别表示在 1%、5% 和 10% 的水平上显著。

资料来源：笔者根据相关样本数据运用 Stata 14.0 软件对本章式（3-1）回归分析而得。

（1）管理者过度自信与负面业绩预告的自愿性在 5% 的水平上显著负相关，说明过度自信会降低管理者披露负面业绩预告的自愿性，从而验证了假设 3-1a。根据前文的理论分析，造成该结果的原因可能在于，过度自信的管理者为了维护自己“经营有方”的良好形象，除非达到强制披露条件、必须进行信息公开，否则，不会主动披露潜在的负面信息；同时，因为过度自信管理者自认为具有非凡控制力，能在危急时刻扭转局势，所以，为了避免预先发布负面信息使外界对自身能力产生不必要的质疑或被股东要求调整既定的经营方略，会在主观上进行“坏消息捂盘”，只要业绩没有下降至强制披露的标准，尽可能选择不公开相关负面信息。（2）管理者过度自信与负面业绩预告倾向性在 5% 的水平上显著正相关，说明过度自信的管理者在披露负面业绩预告时会给出较为乐观的估计，从而验证了假设 3-1b。根据本书前文的理论分析，该现象发生可能与管理者自认为“优于平均”的心态有关，在过度自信造成乐观偏误的情况下，管理者往往会低估可能的经营风险，高估潜在的经营机会，从而无法正确评估企业的经营态势，最终导致业绩下滑或低估亏损程度。（3）管理者过度自信与负面业绩预告的及时性指标（数值越小表明预告发布越晚）在 5% 的水平上显著负相关，说明过度自信的管理者会尽量拖延负面业绩预告的披露，从而验证了假设 3-1c。根据本书前文的理论分析，这一现象可能是因过度自信的管理者确信自己有足够的能力实现“业绩反转”，因此，在预测期结束前，这些管理者不愿意提前发布可能出现的负面信息，以免使外界产生不必要的质疑和忧虑。

此外，管理者过度自信与负面预告的精确性指标（数值越大表示精确性越差）、负面预告的准确性指标（实为偏差率）相关性并不显著，假设3－1d、假设3－1e未得到验证。这说明，负面业绩预告的精确度虽受到公司预测水平和预测习惯的影响和限制，但管理者的过度自信倾向并不能对其造成显著影响；而负面业绩预告的准确程度则受到预测经验、预测技术等一系列因素的影响，管理者过度自信也不是决定预测准确性的核心因素。

（二）内部控制、管理者过度自信与负面业绩预告质量

为检验内部控制对管理者过度自信影响负面业绩预告披露自愿性、倾向性、及时性的调节效应，本书对式（3－2）进行了回归。内部控制对管理者过度自信与负面业绩预告质量关系的调节效应，见表3－6。

表3－6　内部控制对管理者过度自信与负面业绩预告质量关系的调节效应

变量	（1）Logit	（2）Logit	（3）FE
	$Voluntary_{i,t+1}$	$Tendency_{i,t+1}$	$Timeliness_{i,t+1}$
$Overcon_{i,t}$	－0.145 （－1.59）	0.189** （2.03）	－3.271** （－2.00）
$C\_IC_{i,t}$	1.054*** （8.53）	－0.779*** （－6.12）	15.329*** （5.85）
$Overcon_{i,t} \times C\_IC_{i,t}$	－0.801*** （－2.85）	0.638** （1.99）	－11.418** （－2.17）
$ROAsd_{i,t}$	－2.055** （－2.34）	－0.373 （－0.40）	11.196 （0.56）
$Fcash_{i,t}$	0.488** （2.06）	0.101 （0.41）	7.615 （1.58）
$MB_{i,t}$	0.013 （1.62）	0.021** （2.43）	－0.009 （－0.06）

续表

变量	(1) Logit	(2) Logit	(3) FE
	$Voluntary_{i,t+1}$	$Tendency_{i,t+1}$	$Timeliness_{i,t+1}$
$Size_{i,t}$	0.368*** (5.70)	-0.077 (-1.11)	-2.429 (-1.57)
$Lev_{i,t}$	-1.966*** (-7.21)	0.318 (1.10)	-17.654** (-2.47)
$Issue_{i,t}$	0.199*** (2.63)	-0.077 (-1.03)	0.810 (0.52)
$big4_{i,t}$	-0.439 (-1.23)	-1.135** (-2.29)	0.615 (0.10)
$Inst_{i,t}$	-1.682*** (-7.30)	-0.030 (-0.11)	39.821*** (6.92)
$State_{i,t}$	-0.118 (-0.66)	0.084 (0.37)	1.827 (0.36)
cons	-2.017*** (-2.95)	-0.647 (-1.36)	75.919** (2.26)
Ind/Year	控制	控制	控制
观测值数	9063	8209	14628
Pseudo - R^2/R^2(within)	0.075	0.067	0.079

注：括号内是对标准误进行异方差稳健处理及公司层面群聚调整后的 t 值或 z 值，***、**分别表示在 1%、5%的水平上显著。

资料来源：笔者根据相关样本数据运用 Stata 14.0 软件对式（3-2）回归分析而得。

通过表 3-6 可以看出，在自愿性、倾向性和及时性三种指标下，管理者过度自信与内部控制交乘项 $Overcon_{i,t} \times C\_IC_{i,t}$ 的回归系数分别在 1%、5%和 5%的水平上显著，说明内部控制对管理者过度自信和负面业绩预告质量的调节作用存在。因上述三种情况下，交乘项的系数符号与管理者过度自信（$Overcon_{i,t}$）的系数符号同向，表明内部控制发挥的调节效应是增强了过度自信对负面业绩预告质量的不利影响，从而验证了假设 3-2b。根据前文分析，造成这一结果的可能原因在于，作为一项"事前预测"，业绩预告在估计时的主观性较强，预测过程缺乏统一的标准和技术规范，而现有的内部控制制度更未将业绩预告质量划入主要的监控范围，因此，内部控制的“约束作用”并未能在业绩预告上得到发挥。相反，内部控制普遍被认为能降低经营风险、提升经营效率和经营效果，因此，在面对不利的经营环境时，良好的内部控制反而加重了过度自信管理者“优于平均”的心态，即认为自身业绩的下滑程度会远小于其他同类企业，并有更大的概率早日实现业绩“翻盘”，进一步造成了对负面业绩的低估以及对信息发布的延迟。

第五节　稳健性检验与拓展性分析

一、考虑内生性问题的进一步检验

以上研究结果可能会受到内生性问题的干扰，因此，本章采取以下措施来缓解内生性问题。

（一）变量控制

本章研究中所有回归的因变量均采用提前1期的设定，在一定程度上缓解了互为因果的内生性问题对研究结果的影响。

（二）倾向得分匹配法

对于管理者过度自信，公司之间可能存在系统性差异，而这种差异可能会干扰研究的回归结果。为缓解这一问题，本章选择倾向得分匹配（PSM）法。首先，参考雷霆和周嘉楠（2015）的研究，选取公司特征和公司治理等因素判断管理者是否存在过度自信，相应地建立式（3－3）；其次，运用Logit回归，通过式（3－3）计算倾向性得分，使用最近邻匹配对管理者过度自信样本与管理者非过度自信样本进行一对一匹配，得到配对后参与回归的公司样本；最后，对匹配后的公司样本采用式

（3－1）和式（3－2）再次进行回归，以验证假设。最终，得到配对成功样本3963个，因为是1∶1匹配，所以，共获得7926个公司样本。

$$Overcon_{i,t} = \lambda_0 + \lambda_1 Size_{i,t} + \lambda_2 Lev_{i,t} + \lambda_3 Roa_{i,t} + \lambda_4 Dual_{i,t} + \lambda_5 Inde_{i,t} + \lambda_6 Inb_{i,t} + \lambda_7 Top1_{i,t} + \lambda_8 Inp_{i,t} + \lambda_9 Inc_{i,t} + \lambda_{10} State_{i,t} + \lambda_{11} Are_{i,t} + \sum Ind + \sum Year + \omega_{i,t} \quad (3-3)$$

在式（3－3）中，$Roa_{i,t}$表示盈利能力；$Dual_{i,t}$表示两值合一变量（董事长与总经理为同一人取值为1，否则取值为0）；$Inde_{i,t}$表示独立董事比例（独立董事人数/董事会人数）；$Inb_{i,t}$表示董事会规模的自然对数；$Top1_{i,t}$表示股权集中度（第一大股东持股比例）；$Inp_{i,t}$表示董事、监事和高级管理人员薪酬总额的自然对数；$Inc_{i,t}$表示公司委员会设立个数加1的自然对数；$Are_{i,t}$表示企业注册地，若在中国东部地区取值为1，否则取值为0。

管理者过度自信与负面业绩预告质量关系的倾向得分匹配回归结果，见表3－7。可以看到，相关的解释变量在系数符号和显著性方面均无明显变化，表明式（3－1）的检验结果较为可靠。

表3－7　管理者过度自信与负面业绩预告质量关系的倾向得分匹配回归结果

变量	(1)	(2)	(3)
	$Voluntary_{i,t+1}$	$Tendency_{i,t+1}$	$Timeliness_{i,t+1}$
$Overcon_{i,t}$	－0.178*** (－2.90)	0.238*** (2.97)	－5.413** (－1.99)
控制变量	控制	控制	控制
Ind/Year	控制	控制	控制
观测值数	7926	7890	7926
Pseudo－R^2/R^2(within)	0.089	0.083	0.098

注：括号内是对标准误进行异方差稳健处理及公司层面群聚调整后的t值，***、** 分别表示在1%、5%的水平上显著。

资料来源：笔者根据相关样本数据运用Stata 14.0软件对式（3－3）进行回归分析而得。

(三)赫克曼(Heckman)两阶段法

考虑到检验式(3-1)可能存在的自选择偏误,本章还采用了Heckman两阶段回归法进行稳健性检验。第一阶段构建管理者过度自信的Probit模型(针对离散型的变量1和变量2,本章使用Heckprobit进行检验),如式(3-3),进而估算逆米尔斯比率(Imr);第二阶段将逆米尔斯比率作为控制变量加入主回归中。管理者过度自信与负面业绩预告质量关系的Heckman两阶段检验,见表3-8。从表3-8中看到,相关的解释变量在系数符号和显著性方面仍然无明显变化,表明式(3-1)的检验结果较可靠。

表3-8　管理者过度自信与负面业绩预告质量关系的Heckman两阶段检验

变量	(1)	(2)	(3)
	$Voluntary_{i,t+1}$	$Tendency_{i,t+1}$	$Timeliness_{i,t+1}$
$Overcon_{i,t}$	-0.136*** (-2.80)	0.181*** (2.90)	-3.065** (-2.08)
Mills-lambda	0.164 (1.47)	-0.051 (-1.29)	7.154* (1.69)
控制变量	控制	控制	控制
Ind/Year	控制	控制	控制
观测值数	7926	7890	7926
Wald chi^2	168.34	166.91	170.07

注:括号内是对标准误进行异方差稳健处理及公司层面群聚调整后的z值,***、**、*分别表示在1%、5%和10%的水平上显著。

资料来源:笔者根据相关样本数据运用Stata 14.0软件对式(3-1)的Heckman两阶段回归分析而得。

(四)工具变量法

为解决可能由遗漏变量等因素导致的内生性问题,本章还采用了工具变量法对式（3－1）进行重新回归［第（1）列和第（2）列的因变量为虚拟变量，因此，采用 IVProbit 法进行回归］，选取滞后一期的过度自信变量 $Overcon_{i,t+1}$ 和管理者相对薪酬 $Pay_{i,t}$ 作为 $Overcon_{i,t}$ 的工具变量，即如 $Z = Overcon_{i,t+1} + Pay_{i,t}$。通过过度识别检验证实，以上选取的工具变量满足外生性（$p = 0.73$），弱工具变量检验也显示稳健的 F 统计量为 18.4（大于 10），且 F 统计量的 p 值为 0，表明所选取的工具变量对 Overcon 有较好的解释力。管理者过度自信与负面业绩预告质量关系的工具变量法回归结果，见表 3－9。从表 3－9 中可以看到，相关的解释变量在系数符号和显著性方面均无明显变化，表明式（3－1）的检验结果较为可靠。

表 3－9　　管理者过度自信与负面业绩预告质量关系的工具变量法回归结果

变量	(1)	(2)	(3)
	$Voluntary_{i,t+1}$	$Tendency_{i,t+1}$	$Timeliness_{i,t+1}$
$Overcon_{i,t}$	－0.348*** （－3.10）	0.271*** （2.89）	－5.907* （－1.71）
控制变量	控制	控制	控制
Ind/Year	控制	控制	控制
观测值数	14117	10091	14117
R^2	0.086	0.080	0.093

注：括号中是对标准误进行异方差稳健处理及公司层面群聚调整后的 z 值，***、**、*分别表示在 1%、5% 和 10% 的水平上显著。

资料来源：笔者根据相关样本数据运用 Stata 14.0 软件对式（3－1）的工具变量两阶段回归分析而得。

二、其他稳健性检验

（一）变量替换

除了前述考虑内生性的稳健性检验外，本章还进行了解释变量替换后的回归。具体而言，替换管理者过度自信变量的衡量方法，使用表3－2中列示的第二种管理者过度自信的衡量方法，即管理者的相对薪酬（$Pay_{i,t}$）重新进行回归测试的结果显示，关键变量的系数符号无变化，仍然在统计上显著。

（二）提高缩尾程度

此外，本章还对各变量的缩尾程度做了变化，将连续变量的 Winsorize 水平由1%提高到5%，重新进行了回归测试。回归结果显示，关键变量的符号无变化，显著性水平也无较大变化。稳健性检验的结果表明，本书的研究结论是可靠的。

三、拓展性分析：管理者过度自信、负面信息披露与公司股价崩盘风险

（一）管理者过度自信、负面信息披露与公司股价崩盘风险的关系分析

本章前文检验了管理者过度自信对公司负面信息披露的影响关系，并分析了内部控制在其中的调节作用。本节拟对这一关系做进一步拓展，旨在分析管理者过度自信导致的负面信息披露缺陷是否存在股价崩盘风险效应，从而加深对本章研究主题的经济后果的认识。

因此，在本章已得出的管理者过度自信影响负面信息披露质量的结论基础上，本节将借助温忠麟（2004）的中介效应检验法，首先，检验管理者过度自信对公司股价崩盘风险的影响；其次，考察管理者过度自信、负面信息披露对股价崩盘风险的共同影响，从而回答一个重要问题，即管理者过度自信是否通过降低负面信息披露质量导致了公司股价崩盘风险的提升。需要强调的是，虽然既有文献已发现了管理者过度自信对股价崩盘风险存在的正向影响（Kim，Wang and Zhang，2016），其内容与本节探讨的问题有部分重合，但本节对于负面前瞻性信息在管理

者过度自信与股价崩盘风险关系间的中介效应检验，仍然是学术界尚未探讨的问题。

（二）模型设定

为检验过度自信是否通过降低负面信息披露质量而提高了公司股价崩盘风险这一问题，本节参考温忠麟（2004）的中介效应检验法，在式（3－1）基础上，建立式（3－4）和式（3－5）。

$$\begin{aligned}Crashrisk_{i,t+1} = {} & \beta_0 + \beta_1 Overcon_{i,t} + \beta_2 Crashrisk_{i,t} + \beta_3 Dturn_{i,t} \\ & + \beta_4 Ret_{i,t} + \beta_5 Sigma_{i,t} + \beta_6 Lev_{i,t} + \beta_7 Size_{i,t} \\ & + \beta_8 Growth_{i,t} + \beta_9 Age_{i,t} + \beta_{10} Mb_{i,t} + \beta_{11} Roa_{i,t} \\ & + \beta_{12} First_{i,t} + \beta_{13} Ppe_{i,t} + \beta_{14} Int_{i,t} + \sum Ind \\ & + \sum Year + \varepsilon_{i,t} \end{aligned} \tag{3-4}$$

$$\begin{aligned}Crashrisk_{i,t+1} = {} & \beta_0 + \beta_1 Overcon_{i,t} + \beta_2 NEFQuality_{i,t+1} \\ & + \beta_3 Crashrisk_{i,t} + \beta_4 Dturn_{i,t} + \beta_5 Ret_{i,t} + \beta_6 Sigma_{i,t} \\ & + \beta_7 Lev_{i,t} + \beta_8 Size_{i,t} + \beta_9 Growth_{i,t} + \beta_{10} Age_{i,t} \\ & + \beta_{11} Mb_{i,t} + \beta_{12} Roa_{i,t} + \beta_{13} First_{i,t} + \beta_{14} Ppe_{i,t} \\ & + \beta_{15} Int_{i,t} + \sum Ind + \sum Year + \varepsilon_{i,t} \end{aligned} \tag{3-5}$$

式（3－4）和式（3－5）为股价崩盘风险的影响因素模型，模型中的变量 Crashrisk 表示股价崩盘风险变量。参考奇姆、李和张（Kim, Li and Zhang，2010），采用负收益偏态系数（NCSKEW）和收益上下波动比率（DUVOL）两个变量来衡量 Crashrisk。本章按照既有研究的做法，对股价崩盘风险进行计算，具体计算过程如下。

第一步，求出股票 i 在第 t 周的公司特有收益为 $W_{i,t} = \ln(1 + \varepsilon_{i,t})$，其中，$\varepsilon_{i,t}$是式（3－6）回归的残差项。

$$R_{i,t} = \beta_0 + \beta_1 R_{m,t-2} + \beta_2 R_{m,t-1} + \beta_3 R_{m,t} + \beta_4 R_{m,t+1} + \beta_5 R_{m,t+2} + \varepsilon_{i,t} \tag{3-6}$$

在式（3－6）中，$R_{i,t}$表示股票 i 第 t 周考虑现金红利再投资的收益率，$R_{m,t}$表示 A 股市场中所有股票在第 t 周经流通市值加权的平均收益率。

第二步，根据得到的 $W_{i,t}$，构造如下两个衡量股价崩盘风险的变量。

其一，负收益偏态系数（NCSKEW）：

$$NCSKEW_{i,t} = \frac{-\left[n(n-1)^{3/2}\sum W_{i,t}^{3}\right]}{(n-1)(n-2)\left(\sum W_{i,t}^{2}\right)^{3/2}} \tag{3-7}$$

在式（3-7）中，n 表示股票 i 在第 t 年中交易的周数。

其二，收益上下波动比率（DUVOL）：

$$DUVOL_{i,t} = \ln\frac{\left[(n_{up}-1)\sum_{Down}W_{i,t}^{2}\right]}{\left[(n_{down}-1)\sum_{Up}W_{i,t}^{2}\right]} \tag{3-8}$$

在式（3-8）中，n_{up}和 n_{down}分别表示股票 i 的周特有收益 $W_{i,t}$大于或小于年平均收益的 W_i 周数。NCSKEW、DUVOL 的数值越大，表示公司股价崩盘风险越高。

在式（3-4）及式（3-5）中，本节还参考相关文献，在解释变量之外，添加了若干影响股价崩盘风险的控制变量。这些变量包括：$Dturn_{i,t}$（月平均超额换手率，通过 i 公司第 t 年与第 t-1 年股票的月平均换手率之差来度量）、$Ret_{i,t}$（周特有收益率均值，通过 i 公司第 t 年平均的周特有收益率度量）、$Sigma_{i,t}$（周特有收益率标准差度量）、$Lev_{i,t}$（资产负债率，通过 i 公司第 t 年年末负债总额/期末总资产度量）、$Size_{i,t}$（公司规模，通过 i 公司第 t 年的期末总资产的自然对数度量）、$Growth_{i,t}$（公司成长性，通过 i 公司第 t 年的主营业务收入增长率度量）、$Age_{i,t}$（公司年龄，通过 i 公司第 t 年的上市年龄度量）、$Mb_{i,t}$[账市比，通过 i 公司第 t 年的期末净资产/(t 年期末股价 × 流通股股数 + 每股净资产 × 非流通股数）度量]、$Roa_{i,t}$（总资产收益率，通过 i 公司第 t 年净利润/期末总资产度量）、$First_{i,t}$（股权集中度，通过 i 公司第 t 年末的第一大股东持股比例度量）、$Ppe_{i,t}$（固定资产净额占比，通过 i 公司第 t 年末的固定资产净额/总资产度量）、$Int_{i,t}$（无形资产净额占比，通过 i 公司第 t 年末的无形资产净额/总资产度量）。

（三）实证结果及实证分析

对式（3-4）及式（3-5）进行回归。管理者过度自信、负面预计预告与股价崩盘风险的中介效应检验，见表3-10。

表3-10 管理者过度自信、负面预计预告与股价崩盘风险的中介效应检验

Panel A：$Crash_{i,t+1} = NCSKEW_{i,t+1}$

变量	$NEFQuality_{i,t+1} = Voluntary_{i,t+1}$		$NEFQuality_{i,t+1} = Tendency_{i,t+1}$		$NEFQuality_{i,t+1} = Timeliness_{i,t+1}$	
	(1)	(2)	(3)	(4)	(5)	(6)
$Overcon_{i,t}$	0.046** (2.08)	0.039* (1.89)	0.046** (2.08)	0.039* (1.88)	0.047** (2.09)	0.040** (1.90)
$NEFQuality_{i,t+1}$	—	-0.164*** (-3.02)	—	0.129*** (2.87)	—	-0.010*** (-2.66)
控制变量	控制	控制	控制	控制	控制	控制
Ind/Year	控制	控制	控制	控制	控制	控制
观测值数	9063	9063	8209	8209	14628	14628
R^2 (within)	0.071	0.072	0.070	0.071	0.074	0.075

Panel B：$Crash_{i,t+1} = DUVOL_{i,t+1}$

变量	$NEFQuality_{i,t+1} = Voluntary_{i,t+1}$		$NEFQuality_{i,t+1} = Tendency_{i,t+1}$		$NEFQuality_{i,t+1} = Timeliness_{i,t+1}$	
	(1)	(2)	(3)	(4)	(5)	(6)
$Overcon_{i,t}$	0.152** (1.99)	0.138* (1.79)	0.153** (1.98)	0.138* (1.78)	0.153** (1.99)	0.139* (1.80)
$NEFQuality_{i,t+1}$	—	-0.478*** (-2.91)	—	0.361*** (2.73)	—	-0.032*** (-2.64)
控制变量	控制	控制	控制	控制	控制	控制
Ind/Year	控制	控制	控制	控制	控制	控制

续表

Panel B：$Crash_{i,t+1} = DUVOL_{i,t+1}$						
变量	$NEFQuality_{i,t+1} = Voluntary_{i,t+1}$		$NEFQuality_{i,t+1} = Tendency_{i,t+1}$		$NEFQuality_{i,t+1} = Timeliness_{i,t+1}$	
	(1)	(2)	(3)	(4)	(5)	(6)
观测值数	9063	9063	8209	8209	14628	14628
R^2 (within)	0.090	0.091	0.089	0.090	0.094	0.095

注：括号内是对标准误进行异方差稳健处理及公司层面群聚调整后的 t 值，***、**、*分别表示在1%、5%和10%的水平上显著。"—"表示无数据。

资料来源：根据相关样本数据运用 Stata 14.0 软件对式（3－4）、式（3－5）的回归分析而得。

通过表 3－10 可以看到，在表格的 Panel A 部分，用负收益偏态系数（$NCSKEW_{i,t+1}$）衡量被解释变量股价崩盘风险（$Crash_{i,t+1}$）的情况下，在第（1）列、第（3）列、第（5）列对式（3－4）的回归中，过度自信变量（$Overcon_{i,t}$）的系数均显著为正；在第（2）列、第（4）列、第（6）列对式（3－5）的回归中，过度自信变量（$Overcon_{i,t}$）的系数仍然显著为正，且第（2）列中变量负面盈利预告自愿性 $Voluntary_{i,t+1}$（衡量负面盈利预告质量 $NEFQuality_{i,t+1}$）的系数显著为负、第（4）列中变量负面盈利预告倾向性 $Tendency_{i,t+1}$（衡量负面盈利预告质量 $NEFQuality_{i,t+1}$）的系数显著为正、第（6）列中变量负面盈利预告及时性 $Timeliness_{i,t+1}$（衡量负面盈利预告质量 $NEFQuality_{i,t+1}$）的系数显著为负。在表格的 Panel B 部分，用收益上下波动比（$DUVOL_{i,t+1}$）衡量被解释变量股价崩盘风险（$Crash_{i,t+1}$）的情况下，第（1）列、第（3）、第（5）列的回归系数和第（2）列、第（4）、第（6）列的回归系数均与表格 Panel A 部分的回归系数结果在符号和显著性水平上一致，加之，表 3－5 中过度自信变量（$Overcon_{i,t}$）与盈利预告自愿性 $Voluntary_{i,t+1}$、倾向性 $Tendency_{i,t+1}$ 和及时性 $Timeliness_{i,t+1}$ 的回归系数分别显著为负、显著为正和显著为负，因此，基于温忠麟（2004）对中介效应的检验方法可以得出结论：管理者过度自信通过降低负面业绩预告披露的自愿性、提高负面业绩预告的乐观性、降低负面业绩预告披露的及时性而提高了公司股价崩盘风险。同时，相应的中介效应都是显著存在的。

第六节 研究结论与启示

本章以2007~2016年自愿披露要求下发布负面业绩预告的A股上市公司为样本，实证研究发现三个结论。（1）管理者过度自信会降低上市公司负面业绩预告的披露自愿性，使负面业绩预告呈现出偏乐观的估计，并令负面业绩预告披露时间发生延后。综合来看，管理者过度自信整体上降低了上市公司负面信息的披露质量。（2）现有内控制度并未对前瞻性、主观性较强的业绩预告过程形成良好的约束作用。相反，因为内部控制通常被认为能够降低经营风险、提升经营效率，所以，较高的内部控制水平反而加重了管理者面对不利环境时优于平均的心态与乐观倾向，进一步降低了负面信息的披露质量。（3）管理者过度自信通过降低负面信息披露质量加大了公司股价崩盘风险，负面业绩预告披露缺陷是管理者过度自信与公司股价崩盘风险正向关系的一个中介路径。

本章贡献体现在四个方面。（1）以自愿披露要求下的负面业绩预告这一在披露意愿、披露时间、披露准确度、披露倾向等多方面给予管理者一定操控空间的信息披露形式为研究对象，检验了管理者过度自信对负面信息提供意愿、披露质量产生的影响，得到了负面信息披露因管理者非理性而产生失衡问题的实证证据，不仅丰富了管理者过度自信经济后果方面的研究成果，而且提供了研究公司负面信息披露行为的相关方法，对于相关领域开展进一步的研究提供了理论基础和方法借鉴。（2）考察了内部控制制度对过度自信管理者的业绩预告行为是否存在治理作用。结果表明，内部控制不仅不能有效治理，而且更加重了管理者过度自信导致的负面信息预告质量问题，这提供了客观评价内部控制基本规范对公司前瞻性信息披露行为治理作用的实证证据，丰富了内部控制制度经济后果的研究成果。（3）通过中介效应检验法，先后证实了管理者过度自信对公司股价崩盘风险的正向作用以及负面业绩预告在二者之间的作用路径，这在一定程度上丰富了股价崩盘风险影响因素的相关文献。（4）本章结论为资本市场投资者关注并防范管理者过度自信导致的信息披露质量问题提供了理论依据，也为相关监管部门治理上市公司管理者非理性导致的负面信息披露失衡问题拓宽了思路。

本章从管理者过度自信角度研究了非理性特质对自愿披露要求下公司负面信息披露质量的影响，并考察了内部控制制度对二者的调节作用，检验了管理者过度自信引起的负面披露缺陷是否影响了公司股价崩盘风险。以自愿披露要求下的负面业绩预告这一能够在较大程度上反映管理者负面信息操控行为的信息披露形式为研究对象，采用2007～2016年的数据进行研究，实证研究发现：（1）管理者过度自信整体降低了上市公司的负面信息的披露质量，具体体现在负面业绩预告的披露意愿下降、数据估计呈偏乐观倾向和披露时间发生延后三方面；（2）现有内部控制制度并没有对上述负面信息披露的非理性失衡问题起到治理作用，反而强化了管理者过度自信导致的负面信息披露质量下降问题，高水平内部控制使这一问题变得更加突出；（3）管理者过度自信会加大公司的股价崩盘风险，而负面业绩预告缺陷就是二者之间的中介作用路径。

本章研究结果至少有两方面启示。（1）股东、债权人等上市公司的重要利益相关方应当清楚地意识到，引发资本市场信息不对称的内在因素较为多元。除了作为受托人的公司管理者的机会主义动因外，其性格特征也对公司信息披露发挥着重要影响，并且，这一诱因的信息披露失衡问题治理路径往往更加复杂，当前内部风险控制等信息治理机制仍收效甚微。多年来经济高速发展引起管理者风险偏好日益提升、管理者乐观情绪蔓延又在进一步强化公司管理者的过度自信倾向，因此，以过度自信为代表的管理者非理性有其长期存在的现实土壤，其必将在相当程度上对公司的负面信息披露产生影响，并进一步影响公司的股价崩盘风险。上市公司的利益相关方需要在识别公司内部治理机制基础上，提高对管理者性格特质的辨别力，防范管理者非理性导致的信息披露失衡带来的危机冲击。（2）政府监管部门应进一步加深对上市公司信息生成与披露过程相关作用机理的认识，拓宽信息披露治理规则的设计思路。作为一种信息披露质量问题，管理者非理性导致的负面信息披露失衡客观存在，并且给公司股价稳定带来了不确定性，而内部控制制度却并未发挥应有的治理作用。本章甚至发现了内部控制加重负面信息披露非理性失衡问题的证据。在这一情况下，监管部门有必要为保证信息透明度寻找更为有效的治理路径。目前来看，一方面，应继续完善已有的信息披露规则，例如，针对业绩预告这一前瞻性信息的提供，应进一步扩大强制性披露范围，压缩预告信息表述的操控空间，细化预告信息的内容，要求提供预告的前提假设，强化披露过程的第三方监督，进一步明确预告披露的法律责任等；另一方面，则应在继续强化公司治理、内部控制等制度约束的基础上，充分发挥投资者的外部信息监督制约功能，例如，有效借助投资者互动平台，通过中小投资者实地调研等途径，加强公司管理者与外部中小股东的交流沟通，解决管理者非理性导致的信息披露不充分问题。

第四章

CEO 任职周期、内部控制与股价崩盘风险*

第一节 概　　述

经过多年持续快速发展，中国资本市场从无到有，取得了长足进步。截至 2014 年底，沪深两地上市公司的总市值已经跃居全球第二。然而，作为新兴市场国家代表，中国 A 股市场的发展历程较短，其定价效率仍然较低，股价暴涨暴跌现象频繁发生。除了系统性风险集中释放导致的多次“千股跌停”外，个股在没有预兆的情况下出现大幅度下跌的股价崩盘事件更是屡见不鲜。究竟是什么原因导致了公司股价崩盘，如何通过机制设计降低这一风险，也成为投资者、监管者与学术界关注的焦点问题。

回顾既有研究，国内外研究者提出的股价崩盘成因假说先后涵盖了“引起证券交易价格突发性波动的交易者行为特征”“交易环境与制度设计”“公司自身负面信息披露不充分”等多个方面。其中，公司信息透明度假说自金和迈尔斯（Jin and Myers，2006）提出后迅速成为主流观点。按照该假说，管理者具有隐藏负面信息的动机与能力，这会造成

---

* 本章部分内容发表于《中央财经大学学报》2020 年第 8 期，作者为郝东洋、华东师范大学硕士生史莹莹与上海交通大学张天西教授。

负面信息不断累积，在超越临界值后则易形成负面信息瀑布，导致股价暴跌。在该研究思路的基础上，研究者们从信息披露质量（Hutton, Marcus and Tehranian, 2009；B. Francis, H. Iftekhar and L. Li, 2011；Kim and Zhang, 2016；潘越，戴亦一和林超群，2011）、影响信息披露的内外部治理机制（Kim, Li and Zhang, 2011；许年行、江轩宇、伊志宏和徐信忠，2012；许年行、于上尧和伊志宏，2013；王化成、曹丰和叶康涛，2015；梁权熙和曾海舰，2016）等角度，对股价崩盘成因作了诸多解释。但遗憾的是，对于CEO任职周期这一重要管理者特征是否影响了股价崩盘风险，学术界仍未给予充分重视。同时，虽有研究者注意到内部控制能通过抑制管理者机会主义、提高信息透明度、降低公司股价崩盘风险（J. Zhou, J. B. Kim and I. Yeung, 2013；黄政和吴国萍，2017），但其在管理者任职周期内的风险治理效果还需进一步探讨。

事实上，作为公司管理者特征的核心因素，任职周期给会计信息质量和披露行为带来的影响已被国内外研究者不断发现（A. Ali and W. N. Zhang, 2015；陈德球、雷光勇和肖童姝，2011），这种影响一旦传递到证券市场，极易对公司股价产生影响。结合实际情况，CEO任职周期对公司平稳发展影响重大，中国上市公司CEO在任职周期内给公司业绩和股价带来“季节性”影响的案例不胜枚举，诸如管理者离职、换届前后公司股价出现大幅波动的新闻近年来更是屡见不鲜。因此，基于CEO任职周期与公司负面信息产生及披露间的高度关联性，探讨其对股价崩盘风险的影响，具有一定的理论意义与现实基础，但是，其具体影响结果如何、内在作用机制如何，仍需要大样本实证研究给予检验。

针对以上问题，本章以CEO任职周期的“季节效应”理论为研究起点，探讨CEO任期给公司股价崩盘风险带来的影响及其作用机制，同时考察内部风险控制对上述影响的调节作用。通过对2008～2015年中国A股上市公司数据的检验研究结果发现：CEO任期与股价崩盘风险之间呈现显著的“U”型关系，在任职初期股价崩盘风险较高但会逐渐降低，而在接近任期结束时股价崩盘风险则会再度升高，在某一任职阶段股价崩盘风险会降至最低，并且在考虑了内生性、排除了CEO辞职及换届等因素影响后，该“U”型关系仍然成立；CEO 任期与股价崩盘风险之间的“U”型关系会在较少的 CEO 职业经验、较低的 CEO 业界声誉、CEO 内部升任等情况下表现得更强，且会计稳健性和非效率投资在该“U”型关系中发挥了显著的中介作用，盈余管理则并未发挥中介作用；高效率内部控制在有效降低公司股价崩盘风险的同时，还显著地弱化了 CEO 任期与股价崩盘风险之间的“U”型关系。

本章可能的贡献在于三个方面。（1）既有研究对 CEO 的职业特征影响股价崩盘风险的关注尚有不足，本章从任职周期这一重要特征入手，发现了 CEO 基于职业生涯和声誉考量，通过“季节性”地影响会计稳健性、投资效率进而影响股价崩盘风险的证据，拓展了该领域的研究。（2）既有研究虽然考察了 CEO 任职周期对公司投资活动、信息披露等具体决策行为的影响，但是，并未考察这种“季节效应”是否在证券市场中同样有所体现，本章从股价崩盘风险角度验证了 CEO 任期对公司股价产生的影响，丰富了任职周期理论及其经济后果的研究。（3）内部控制基本规范的施行是否抑制了公司决策风险、降低了公司股价波动幅度、起到了证券市场稳定器的作用，备受实务界及政府部门关注，本章从股价崩盘风险角度提供了正面证据，将有助于相关政府部门客观评价内部控制规范的实施效果，为稳定证券市场秩序提供新思路。

第二节　理论分析与假设提出

一、CEO 任期周期的“季节效应”与公司股价崩盘风险

D. C. 汉布里克和 G. D. 芬克尔斯坦（D. C. Hambrick and G. D. Finkelstein，1991）提出的“季节模型”把 CEO 任职周期分为任命期、探索期、模式选择期、模式强化期和衰退离任期。在不同阶段，CEO 的信息来源、努力程度、工作兴趣、管理权力、声誉关注度等都存在明显

差异，这导致了其“季节性”管理行为与管理模式，公司经营绩效、会计信息质量、投资效率等也会随之呈现出“季节性”的波动特征。本章认为，上述“季节模型”和声誉机制为分析CEO任职周期与公司股价崩盘风险的关系提供了思路。

首先，CEO在任期的不同阶段对自身利益诉求的差异必将导致他们在风险偏好、投资决策、工作方式等方面出现差异，其后果也将是公司在风险承担与风险积累方面呈现出阶段性波动特征。在CEO任期的初始阶段，市场对其能力往往不够确信（即便由内部升任，鉴于低阶岗位所需的知识和技能不同于CEO岗位所需的知识和技能，这种质疑仍然存在），需要借助公司业绩表现迅速做出评估（R. Gibbons and K. J. Murphy，1992；B. Hermalin and M. Weisbash，1998；Ali and Zhang，2015）。面对市场的业绩期望和董事会的监督考核要求，为了避免被贴上能力低下的标签，新任CEO往往会出于职业生涯的忧虑（Career Concern）而努力工作，力争在短期内通过速胜（Quick Win）来获取市场和董事会的信任（B. Holmstrom，1982；M. E. Van Buren and T. Safferstone，2009）。虽然新任CEO此时对公司现有资源、运作能力、利益相关者诉求以及未来发展方向等可能缺乏充足的认识，但是，为了向市场传递其治理有方的信息，仍然会“新官上任三把火”，实施激进的战略变革（P. Herrmann and S. Nadkarni，2013；刘鑫和薛有志，2013），并选择高风险投资项目甚至拔高盈余（Ali and Zhang，2015），从而使公司承担和积累更多的经营性风险。而随着任期延长、累积的经验日渐丰富，CEO则会通过在经营管理过程中不断反馈的信息慢慢了解公司的经营环境及经营能力，从而修正决策偏差，为企业创造更多价值。此时，注重声誉和职业生涯的CEO会尽量保持公司平稳有序发展，减少激进的战略决策，选择稳健的投资项目（D. W. Diamond，1989；Ali and Zhang，2015），降低公司风险承担，实现个人与企业的双赢局面。但到了离任衰退期，随着董事会放松对即将离任CEO的监管，CEO会为了暂时性的货币收入等短期个人利益而忽视对声誉的关注，再次做出损害公司长期利益的决策，导致经营性风险提升（Hambrick and Manson，1984）。

其次，更重要的是，除了 CEO 任期内公司风险承担和累积的“季节性”差异，CEO 在任期内基于声誉考虑而进行的“风险性信息”披露管理，也会对公司负面信息的充分传递和及时传递造成影响，其后果将是股价崩盘风险的阶段性波动。具体看来，在 CEO 上任初期，为传递自身具有胜任力的信号，CEO 在选择激进的高风险投资项目时，会存在操控盈余的强烈动机（Ali and Zhang，2015），对一些负面信息进行“捂盘”，以期赢得更多改善业绩的时间，而这将大大提升负面信息累积程度，从而产生较大的股价崩盘风险。当度过艰难磨合期后，公司经营步入正轨、业绩稳步提高、经营风险下降，CEO 也不需通过大规模盈余操纵迎合公司委托人。此时，建立起声誉的 CEO 已得到董事会肯定，出于对自身声誉的维护，CEO 会避免用较差的盈余质量损害委托人信任并愿意保持较高的信息透明度，这将减少公司负面信息累积，降低股价崩盘风险。但到了离任期，获得董事会放松监管的 CEO 已出现一定程度的行为短视化，为了暂时的货币收入等短期利益，也为了顺利卸任，则会粉饰经营业绩、掩盖可能的负面风险信息（P. Kalyta，2009；贺小刚、张远飞和连燕玲 2012），使公司信息透明度大大降低，令股价崩盘风险在离任前陡然上升。综上所述，本章提出以下假设：

假设 4－1：随着 CEO 任期的持续，公司股价崩盘风险会逐渐降低，但在 CEO 接近离任时，股价崩盘风险则会再度上升。CEO 任期与公司股价崩盘风险之间呈现“U”型关系。

二、CEO 任职周期“季节效应”与股价崩盘风险关系的中介作用机制

本章认为，在 CEO 任职周期对公司股价崩盘风险可能存在的“季节性”影响中，其中介作用机制包括以下三个方面。

（一）盈余管理的中介作用

既有文献表明，CEO 任职周期与公司盈余管理之间存在显著的相关

关系（K. Murphy and J. Zimmerman，1993；Kalyta，2009）。在任职初期，即便是工作能力很强的新任 CEO 也会为了得到董事会信任、得到公众认可，而在经验不足的情况下，通过盈余管理提交较好的业绩答卷。随着 CEO 任期延长，人脉关系逐步形成，知识结构日渐丰富，经营管理能力不断提升，CEO 已具备了创造良好绩效的能力，董事会对其评价也会更加客观全面，此时，CEO 已不需通过粉饰盈余证明自己。但在衰退离任期，一方面，CEO 工作兴趣逐渐降低，权力集中会令其自我膨胀、不愿对陈旧的管理模式进行创新变革，为了维持业绩水平，往往会选择盈余管理；另一方面，在 CEO 任期结束后不再拥有“在职消费”的隐性收入，因此，CEO 也会通过调增利润来获取短期利益，以增加离职前的货币收入。综合而言，CEO 任期与盈余管理之间呈现“U”型关系，考虑到盈余管理与股价崩盘风险之间显著的正相关关系（潘越、戴亦一和林超群，2011），因此，本书预期盈余管理可能是 CEO 任职周期崩盘效应的一种重要传导途径。综上所述，本章提出以下假设：

假设 4-2a：CEO 任职周期通过“季节性”影响盈余管理，从而影响公司股价崩盘风险。

（二）会计稳健性的中介作用

从既有文献看，CEO 在任职周期内还会“季节性”地调整公司的会计稳健性（张兆国、刘永丽和谈多娇，2011）。在任职初期，能力未被认可的 CEO 希望用当期业绩证明自己，倾向于拔高业绩，导致会计稳健性较低。随着任期延长，CEO 与团队和下属的沟通交流不断增加，决策时更易产生共鸣，并且，随着对内部资源的认知程度加深、对外界环境的辨别能力提高，已能在面对风险和竞争时迅速判断利弊、作出正确决策，同时出于对未来利益的考量，CEO 更倾向于选择稳健的会计政策和收益确认方法。但是，在临近卸任时，CEO 不再考虑声誉问题，会忽略企业长期发展，采取一些短视行为，从而降低公司的会计稳健水平。因此，CEO 任期与会计稳健性之间呈现出倒“U”型关系。因为稳健性能够使坏消息更加及时地计入会计盈余，从而使财务报告及时反映企业风险，所以，有效降低了CEO隐藏坏消息的可能性，避免了坏消息在企业内部大量积累后才被释放到市场中，因此，可以显著地降低公司股价暴跌风险（R. Lafond and L. Watts，2008）。基于此，本书预期会计稳健性可能是CEO任职周期崩盘效应的一种传导路径。综上所述，本章提出以下假设：

假设4-2b：CEO任职周期通过“季节性”影响会计稳健性，从而影响公司股价崩盘风险。

（三）非效率投资的中介作用

投资活动是CEO维护声誉的重要途径。既有研究表明，CEO在任职周期的不同阶段存在差异化的投资冲动，这将导致公司的投资效率在CEO任期内出现“季节性”波动。首先，无论以何种方式继任，新上任的CEO在上台后都可能对企业前期收购的项目进行剥离，通过增加投资来提高声誉。其次，随着任期延长，CEO对公司的认识日渐深刻，投资决策一般不会太偏离公司核心竞争力，并且，CEO在任期内权力不断扩大也有助于企业提高资源配置效率、减少非效率投资（李培功和肖珉，2012）；同时，任期延长还使CEO眼光变得更长远，更愿意投资基础设施和研发项目，避免盲目多元化和冒险收购等耗竭资源的投资（I. L. Breton - Miller and D. Miller，2008）。最后，在任期尾声，CEO行为变得短视化，为避免爆出能力不足的负面信息，既不愿意进行新投资，也不愿意减少无盈利能力的项目，往往导致经营风险的累积、投资效率低。因为非效率投资带来的前景堪忧项目通常隐藏大量负面信息，管理者出于任期内薪酬、声誉、职业生涯等考虑往往不愿意及时释放，而是选择信息捂盘（江轩宇和许年行，2015；H. Ahsan and M. M. Hasan，2017），所以，非效率投资越严重，CEO对外隐瞒负面信息的动机越强，最终，CEO任期内投资效率的波动演化为股价崩盘风险的波动。基于此，本书预期投资效率可能是CEO任期崩盘效应的又一传导路径。综上所述，本章提出以下假设：

假设 4－2c：CEO 任职周期通过“季节性”影响非效率投资，从而影响公司股价崩盘风险。

三、内部控制对 CEO 任职周期“季节效应”与股价崩盘风险关系的调节作用

本书认为，以控制风险为手段、以提高经营效率和经营效果、实现企业战略为目标的内部控制机制，将会弱化 CEO 任职周期对股价崩盘风险的“季节性”影响，其作用机理在于以下两方面。

第一，内部控制对会计信息质量具有改善作用，这体现在降低盈余管理水平、提高会计稳健性等方面。事实上，内部控制的重要目标之一是保证财务报表可靠性。既有研究发现，内部控制越好的公司，会计信息质量越高（Doyle，Ge and Mcvay，2007；刘启亮、罗乐、张雅曼和陈汉文，2013）。同时，内部控制还能抑制管理者利用会计估计、会计政策提前确认收入、推迟确认损失的行为，并通过加强会计人员专业知识培训，提高他们估计并及时确认预期损失的能力，提高公司会计稳健性（方红星和张志平，2012）。

第二，高质量内部控制能缓解投资不足、约束投资过度，提升公司投资效率。一方面，信息与沟通作为内部控制要素，能缓解企业与外部利益相关者之间的信息不对称情况，让投资者更真实地了解公司盈利状况与发展空间，减缓逆向选择导致的融资成本提升，从而避免投资不足；另一方面，作为兼顾了监督与激励的内部制度安排，内部控制有利于促使 CEO 努力工作、提高决策效率，约束其建立“商业帝国”的冲动以及向大股东进行利益输送的机会主义行为，进而避免过度投资（M. Cheng，D. Dhaliwal and Y. Zhang，2013；王治、张皎洁和郑琦，2015）。在内部控制约束下，公司投资效率得到提高、风险承担与累积程度降低，盈余管理程度下降、会计稳健性水平提高、负面信息的传递更加及时，这将在根本上降低股价崩盘发生的概率。而从 CEO 的任职周期来看，内部控制的约束作用必然在管理者机会主

义倾向严重的阶段强化、在管理者机会主义缓解的阶段弱化。因此，考虑到 CEO 任职周期与股价崩盘风险之间可能存在的“U”型关系，其直接诱因是 CEO 在其任职周期的不同阶段，在信息披露、投资活动中出现的利己行为，而内部控制在改善会计信息质量进而降低盈余管理、提高会计稳健性以及减少非效率投资方面的作用，本质上也是在抑制管理者的机会主义行为。本书认为，这种契合的结果，很可能使内部控制发挥降低股价崩盘风险在 CEO 任职周期内“季节性”波动的作用，从而缓和 CEO 任期与股价崩盘风险的“U”型关系。综上所述，本章提出以下假设：

假设 4－3：在高效率内部控制环境下，CEO 任职周期与股价崩盘风险的“U”型关系会被削弱。

第三节 研究设计

一、样本选择和数据来源

本章以 2008～2015 年中国 A 股上市公司为样本，并按照五个标准进行筛选：（1）剔除金融类上市公司样本；（2）剔除 ST 类上市公司样本、*ST 类上市公司样本；（3）剔除净资产为负的上市公司样本；（4）个股股价崩盘风险是根据上市公司的特定周收益率确定的，而特定周收益率需要从指数模型回归得到残差加工处理取得，为确保指数模型回归结果的可靠性，要求上市公司参与回归的周收益率数据不少于 30 个，因此，本章剔除了每年股票的周收益率数据小于 30 个的上市公司样本；（5）剔除财务数据存在缺失值的上市公司样本。最后，得到 12129 个观测值。本章从 CSMAR 数据库中提取股票交易数据与上市公司财务数据，并通过公司年报和网络搜索等方式进行核对和补全。为避免极端值对实证结果产生影响，本章对连续变量进行了

1%的 Winsorize 处理。

二、变量定义与模型设定

（一）被解释变量

借鉴既有研究，本章对股价崩盘风险（Crashrisk）具体计算过程如下：

第一步，求出股票 i 在第 t 周的公司特有收益 $W_{i,t} = \ln(1 + \varepsilon_{i,t})$，其中，$\varepsilon_{i,t}$是式（4－1）回归的残差项。

$$R_{i,t} = \beta_0 + \beta_1 R_{m,t-2} + \beta_2 R_{m,t-1} + \beta_3 R_{m,t} + \beta_4 R_{m,t+1} + \beta_5 R_{m,t+2} + \varepsilon_{i,t} \tag{4-1}$$

在式（4－1）中，$R_{i,t}$表示股票 i 第 t 周考虑现金红利再投资的收益率，$R_{m,t}$表示 A 股市场所有股票在第 t 周经流通市值加权的平均收益率。

第二步，根据得到的 $W_{i,t}$，构造如下两个衡量股价崩盘风险的变量。

其一，是负收益偏态系数（NCSKEW）：

$$NCSKEW_{i,t} = \frac{-[n(n-1)^{3/2} \sum W_{i,t}^3]}{[(n-1)(n-2)(\sum W_{i,t}^2)^{3/2}]} \tag{4-2}$$

在式（4－2）中，n 表示股票 i 在第 t 年中交易的周数。

其二，是收益上下波动比率（DUVOL）：

$$DUVOL_{i,t} = \log \frac{[(n_{up} - 1) \sum_{Down} W_{i,t}^2]}{[(n_{down} - 1) \sum_{Up} W_{i,t}^2]} \tag{4-3}$$

在式（4－3）中，n_{up}和 n_{down}分别表示股票 i 的周特有收益 $W_{i,t}$大于或小于年平均收益的 W_i 周数。NCSKEW 和 DUVOL 的数值越大，表示上市公司的股价崩盘风险越高。

（二）解释变量、中介变量和调节变量

1. CEO 任期（Tenure）的度量

CEO 任期 $Tenure_{i,t}$表示上市公司 i 的 CEO 在第 t 年时担任此职务的时间。因为需要考察 CEO 任职周期与上市公司股价崩盘风险之间是否存在倒“U”型关系，所以，本章定义了 CEO 任期的平方项，称之为 CEO 任期平方 $Tenure^2_{i,t}$。

2. 盈余管理（DA）的度量

本章使用修正的 Jones 模型计算盈余管理程度。首先，使用上市公司数据分年度、分行业对总应计利润进行回归，具体计算如式（4－4）：

$$\frac{TA_{i,t}}{TA_{i,t-1}} = \beta_0 + \beta_1 \frac{1}{TA_{i,t-1}} + \beta_2 \frac{\Delta REV_{i,t} - \Delta REC_{i,t}}{TA_{i,t-1}} + \beta_3 \frac{PPE_{i,t}}{TA_{i,t-2}} + \varepsilon_{i,t} \tag{4-4}$$

在式（4－4）中，$TA_{i,t}$表示上市公司 i 在第 t 年的总应计利润，是净利润减经营现金净流量；$\Delta REV_{i,t}$表示上市公司 i 在第 t 年与第 t－1 年主营业务收入之差；$\Delta REC_{i,t}$表示上市公司 i 在第 t 年与第 t－1 年应收账款之差；$PPE_{i,t}$表示上市公司 i 在第 t 年的固定资产净额；$\varepsilon_{i,t}$表示误差项。通过分年度、分行业回归，得到各年、各行业的回归系数 $\hat{\beta}_1$、$\hat{\beta}_2$ 和 $\hat{\beta}_3$。其次，将回归系数代入式（4－5）：

$$\frac{NDA_{i,t}}{TA_{i,t-1}} = \hat{\beta}_1 \frac{1}{TA_{i,t-1}} + \hat{\beta}_2 \frac{\Delta REV_{i,t} - \Delta REC_{i,t}}{TA_{i,t-1}} + \hat{\beta}_3 \frac{PPE_{i,t}}{TA_{i,t-2}} \tag{4-5}$$

得到的 $NDA_{i,t}$为非操控性应计盈余估计值，再算出可操控性应计利润 $DA_{i,t} = \frac{TA_{i,t}}{TA_{i,t-1}} - \frac{NDA_{i,t}}{TA_{i,t-1}}$。

3. 会计稳健性（C－score）的度量

本章选用 M. 凯恩和 L. 瓦茨（M. Khan and L. Watts，2009）的年度/公司稳健性测量指标。根据 S. 巴苏（S. Basu，1997）模型计算差异及时性测量指标：

$$\frac{EPS_{i,t}}{P_{i,t-1}} = \beta_0 + \beta_1 D_{i,t} + \beta_2 R_{i,t} + \beta_3 D_{i,t} \times R_{i,t} + \xi \tag{4-6}$$

在式（4－6）中，$EPS_{i,t}$表示上市公司i在第t年披露的扣除非正常性损失的基本每股收益；$P_{i,t-1}$表示上市公司i在t－1年末的股票价格（上市公司i在第t年4月份的收盘价）；$R_{i,t}$表示上市公司i在第t年年度累计股票报酬率，即$R_{i,t} = \prod_{j-1}^{12}(1 + R_{i,t}) - 1$（$R_{i,j}$表示上市公司i在j月的股票报酬率）；$D_{i,t}$表示虚拟变量，当$R_{i,t} < 0$时取值为1，否则取值为0。在式（4－6）中，$\beta_2$表示上市公司对“好消息”盈余反应的及时程度，$\beta_2 + \beta_3$作为上市公司对“坏消息”比“好消息”反应及时程度的增量，反映了上市公司的会计稳健性水平。在巴苏（Basu，1997）模型基础上，用G－score代表“好消息”确认的及时程度，用C－score代表上市公司会计稳健性水平。

$$G - score = \beta_2 = \mu_0 + \mu_1 Size_{i,t} + \mu_2 MTB_{i,t} + \mu_3 Lev_{i,t} \quad (4-7)$$

$$C - score = \beta_3 = \lambda_0 + \lambda_1 Size_{i,t} + \lambda_2 MTB_{i,t} + \lambda_3 Lev_{i,t} \quad (4-8)$$

在式（4－7）和式（4－8）中，Size表示上市公司总资产的自然对数，MTB表示上市公司权益的市场价值与权益的账面价值比值，Lev表示上市公司年末资产负债率。将式（4－7）和式（4－8）代入式（4－6）中，整理得到式（4－9）：

$$\begin{aligned} ESP/P = {} & \beta_0 + \beta_1 D_{i,t} + R_{i,t}(\mu_0 + \mu_1 Size_{i,t} + \mu_2 MTB_{i,t} + \mu_3 Lev_{i,t}) \\ & + D_{i,t} \times R_{i,t}(\lambda_0 + \lambda_1 Size_{i,t} + \lambda_2 MTB_{i,t} + \lambda_3 Lev_{i,t}) + (\delta_1 Size_{i,t} \\ & + \delta_2 MTB_{i,t} + \delta_3 Lev_{i,t} + \delta_4 D_{i,t} \times Size_{i,t} + \delta_5 D_{i,t} \times MTB_{i,t} \\ & + \delta_6 D_{i,t} \times Lev_{i,t}) + \xi \end{aligned} \quad (4-9)$$

对式（4－9）进行分年度回归，得到系数λ_0、λ_1、λ_2、λ_3，代入式（4－8）计算，得到每个公司每个年度的会计稳健性C－score。

4. **非效率投资（Ineff）的度量**

本章使用里查德森（S. Richardson，1996）模型来估计非效率投资水平：

$$\begin{aligned} Invest_{i,t} = {} & \beta_0 + \beta_1 Growth_{i,t} + \beta_2 Size_{i,t} + \beta_3 Lev_{i,t} + \beta_4 Cash_{i,t} \\ & + \beta_5 Age_{i,t} + \beta_6 Ret_{i,t} + \beta_7 Invest_{i,t-1} + \sum Ind \\ & + \sum Year + \varepsilon_{i,t} \end{aligned} \quad (4-10)$$

在式（4－10）中，$Invest_{i,t}$表示上市公司 i 在第 t 年的新增投资，是指现金流量表中“购建固定资产和其他长期资产所支付的现金”与“购买和处置子公司及其他营业单位所支付的现金”两项之和除以期初总资产；$Growth_{i,t-1}$表示上市公司 i 在第 t－1 年的成长性，用“主营业务收入增长率”度量；$Size_{i,t-1}$表示上市公司 i 在第 t－1 年末总资产的自然对数；$Lev_{i,t-1}$表示上市公司 i 在第 t－1 年末的资产负债率；$Cash_{i,t-1}$表示上市公司 i 在第 t－1 年末现金及现金等价物余额；$Age_{i,t-1}$表示上市公司 i 在第t－1 年末的上市年龄；$Ret_{i,t-1}$表示上市公司经过市场调整的、按月度计算的股票年度回报率；Year 和 Ind 分别表示年度和行业的哑变量。$Ineff_{i,t}$表示上市公司 i 第 t 期的非效率投资程度，是指式（4－10）回归后残差的绝对值。$Ineff_{i,t}$越大，资本投资的非效率程度越高。

5. **内部控制（Intercon）的度量**

本章使用“迪博内部控制信息披露指数”反映内控信息披露质量。该指数结合相关制度和方法及中国上市公司实施内部控制体系现状，基于内部控制五大目标实现程度而设计，能够综合反映上市公司内部控制水平与风险管控能力，在学术界具有较高认可度。本章取该指数的自然对数，得到内部控制效率变量（Intercon）。变量定义和计算，见表 4－1。

表 4－1　变量定义和计算

变量类型	变量符号	变量名称	变量说明
被解释变量	$NCSKEW_{i,t+1}$	负收益偏态系数	上市公司 i 第 t＋1 年的负收益偏态系数
	$DUVOL_{i,t+1}$	收益上下波动比率	上市公司 i 第 t＋1 年的收益上下波动比率
解释变量	$Tenure^2_{i,t}$	CEO 任期平方	上市公司 i 第 t 年 CEO 任期的平方
	$Tenure_{i,t}$	CEO 任期	上市公司 i 第 t 年 CEO 的任期
中介变量	$DA_{i,t}$	盈余管理	利用修正的琼斯（Jones）模型回归而得，具体过程详见式（4－4）和式（4－5）

续表

变量类型	变量符号	变量名称	变量说明
中介变量	$C-score_{i,t}$	会计稳健性	根据巴苏（Basu，1997）模型与凯恩和瓦茨（Khan and Watts，2009）模型计算而得，具体过程详见式（4-6）、式（4-7）、式（4-8）、式（4-9）
	$Ineff_{i,t}$	非效率投资	里查德森（Richardson，1996）模型回归残差值的绝对值，计算过程详见式（4-10）
调节变量	$Intercon_{i,t}$	内部控制	上市公司i第t年的内部控制水平，使用内部控制指数自然对数
控制变量	$NCSKEW_{i,t}$	负收益偏态系数	上市公司i第t年的负收益偏态系数
	$DUVOL_{i,t}$	收益上下波动比率	上市公司i第t年的收益上下波动比率
	$Dturn_{i,t}$	月平均超额换手率	上市公司i第t年与第t-1年股票的月平均换手率之差
	$Ret_{i,t}$	周特有收益率均值	上市公司i第t年平均的周特有收益率
	$Sigma_{i,t}$	周特有收益率标准差	上市公司i第t年周特有收益的标准差
	$Lev_{i,t}$	资产负债率	上市公司i第t年期末负债总额/期末总资产
	$Size_{i,t}$	公司规模	上市公司i第t年期末总资产的自然对数值
	$Mb_{i,t}$	账市比	上市公司i在第t年的期末净资产/（t年期末股价×流通股股数+每股净资产×非流通股股数）
	$Roa_{i,t}$	总资产收益率	上市公司i第t年净利润/总资产
	$First_{i,t}$	股权集中度	上市公司第t年期末第一大股东持股比例
	$Ppe_{i,t}$	固定资产净额占资产总额比值	上市公司i第t年期末固定资产净额/总资产
	$Int_{i,t}$	无形资产净额占资产总额比值	上市公司i第t年期末无形资产净额/总资产
	Year	年度变量	以中国证监会2012年行业分类为标准，设置行业哑变量，属于该行业为1，否则为0
	Ind	行业变量	年度哑变量，属于该年度为1，否则为0

资料来源：笔者根据本章变量定义的方法整理而得。

（三）模型设定

1. CEO 任职周期与股价崩盘风险的关系模型

为检验假设 4－1，本章以股价崩盘风险 Crashrisk 为被解释变量，分别用负收益偏态系数 NCSKEW 和收益上下波动比率 DUVOL 代替，构建式（4－11）。

$$\begin{aligned}Crashrisk_{i,t+1} = {} & \beta_0 + \beta_1 Tenure_{i,t} + \beta_2 Tenure_{i,t}^2 + \beta_3 Crashrisk_{i,t} \\ & + \beta_4 Dturn_{i,t} + \beta_5 Ret_{i,t} + \beta_6 Sigma_{i,t} + \beta_7 Lev_{i,t} \\ & + \beta_8 Size_{i,t} + \beta_9 Mb_{i,t} + \beta_{10} Roa_{i,t} + \beta_{11} First_{i,t} \\ & + \beta_{12} Ppe_{i,t} + \beta_{13} Int_{i,t} + \sum Ind + \sum Year + \varepsilon_{i,t}\end{aligned} \tag{4-11}$$

式（4－11）中的被解释变量分别以 $NCSKEW_{i,t+1}$ 和 $DUVOL_{i,t+1}$ 衡量，其他控制变量，见表 4－1。

2. CEO 任职周期影响股价崩盘风险的中介机制模型

为检验假设 4－2a、假设 4－2b、假设 4－2c，需要检验 CEO 任职周期通过非线性影响盈余管理、会计稳健性或非效率投资，进而影响股价崩盘风险，形成 CEO 任职周期与股价崩盘风险之间的“U”型关系。因变量之间的非线性特殊关系，因此，本章采用 J. R. 爱德华兹和 L. S. 兰伯特（J. R. Edwards and L. S. Lambert，2007）提出的调节路径分析方法检验上述假设。该方法是一种全效用调节模型，能更完整地分析并解读中介模型中所有可能路径上的调节效应，其所构建的分析框架中包含两个回归方程，见式（4－12）和式（4－13）。

$$Y = \tau_1 + \tau_2 X + \tau_3 M + \tau_4 Z + \tau_5 XZ + \tau_6 MZ + \varepsilon \tag{4-12}$$

$$M = \varphi_1 + \varphi_2 X + \varphi_3 Z + \varphi_4 XZ + \omega \tag{4-13}$$

在式（4－12）和式（4－13）中，Y 表示被解释变量，X 表示解释变量，M 表示中介变量，Z 表示调节变量。本章中 Z 与 X 为同一变量，XZ 表示本式的交互项即本章自变量的二次项，MZ 表示自变量与中介变量的交互项。将该式应用至本章中，构建出式（4－14）和式

（4－15）。

$$Crashrisk_{i,t+1} = \beta_0 + \beta_1 Tenure_{i,t} + \beta_2 Tenure^2_{i,t} + \beta_3 M_{i,t} + \beta_4 M_{i,t} \times Tenure_{i,t} + \beta_5 Crashrisk_{i,t} + \beta_6 Dturn_{i,t} + \beta_7 Ret_{i,t} + \beta_8 Sigma_{i,t} + \beta_9 Lev_{i,t} + \beta_{10} Size_{i,t} + \beta_{11} Mb_{i,t} + \beta_{12} Roa_{i,t} + \beta_{13} First_{i,t} + \beta_{14} Ppe_{i,t} + \beta_{15} Int_{i,t} + \sum Ind + \sum Year + \varepsilon_{i,t} \quad (4-14)$$

$$M_{i,t} = \beta_0 + \beta_1 Tenure_{i,t} + \beta_2 Tenure^2_{i,t} + \beta_3 Dturn_{i,t} + \beta_4 Ret_{i,t} + \beta_5 Sigma_{i,t} + \beta_6 Lev_{i,t} + \beta_7 Size_{i,t} + \beta_8 Mb_{i,t} + \beta_9 Roa_{i,t} + \beta_{10} First_{i,t} + \beta_{11} Ppe_{i,t} + \beta_{12} Int_{i,t} + \sum Ind + \sum Year + \varepsilon_{i,t} \quad (4-15)$$

在式（4－14）和式（4－15）中，$M_{i,t}$可以分别用中介变量盈余管理（$Da_{i,t}$）、会计稳健性（$C-score_{i,t}$）和非效率投资（$Ineff_{i,t}$）代替。

式（4－14）可以检验被解释变量（股价崩盘风险）与解释变量（CEO任期）、调节变量（CEO任期）和解释变量（CEO任期）交互项（即CEO任期的平方）、中介变量（盈余管理、会计稳健性、非效率投资）、调节变量（CEO任期）以及调节变量（CEO任期）与中介变量（盈余管理、会计稳健性、非效率投资）交互项之间的总效应，本章通过式（4－14）检验CEO任期与股价崩盘风险间的“U”型关系以及盈余管理、会计稳健性、非效率投资可能在其中起的中介作用。式（4－15）用来检验中介变量（盈余管理、会计稳健性、非效率投资）与自变量（CEO任期）之间受调节变量（CEO任期）的调节效应，其实际上是用来检验CEO任期对盈余管理的“U”型曲线影响关系、对会计稳健性的倒“U”型曲线影响关系、非效率投资的“U”型曲线影响关系的。

3. 内部控制效率对CEO任职周期与股价崩盘风险关系的影响模型

为检验假设4－3，借鉴张军伟和龙立荣（2016）对“U”型关系调节作用采用的方法构建式（4－16）。

$$Crashrisk_{i,t+1} = \beta_0 + \beta_1 Tenure_{i,t} + \beta_2 Tenure^2_{i,t} + \beta_3 Intercon_{i,t}$$

$$+\beta_4 Intercon_{i,t}\times Tenure_{i,t}+\beta_5 Intercon_{i,t}\times Tenure_{i,t}^2$$
$$+\beta_6 Crashrisk_{i,t}+\beta_7 Dturn_{i,t}+\beta_8 Ret_{i,t}+\beta_9 Sigma_{i,t}$$
$$+\beta_{10} Lev_{i,t}+\beta_{11} Size_{i,t}+\beta_{12} Mb_{i,t}+\beta_{13} Roa_{i,t}$$
$$+\beta_{14} First_{i,t}+\beta_{15} Ppe_{i,t}+\beta_{16} Int_{i,t}+\sum Ind$$
$$+\sum Year+\varepsilon_{i,t} \tag{4-16}$$

式（4－16）中的 $Intercon_{i,t}$ 为内部控制变量，其他解释变量及控制变量同上，不再赘述。

第四节　实证结果与实证分析

一、描述性统计

变量描述性统计结果，见表4－2。可以看到：（1）负收益偏态系数（$NCSKEW_{i,t+1}$）与收益上下波动比率（$DUVOL_{i,t+1}$）均值分别为0.193与－0.331，标准差分别为0.941和0.727，较大的标准差说明不同上市公司间股价崩盘风险差异较大。（2）CEO任职周期（$Tenure_{i,t}$）均值为2.958年，最小值为0，最大值为19，差异较大，说明任职周期从最短的刚上任到最长的十几年不等。（3）可操控应计利润（$DA_{i,t}$）的均值、中位数分别为－0.001和0.005，最大值、最小值分别为32.270和－69.920，标准差为0.750，说明上市公司同时存在向上盈余操控和向下盈余操控，差异显著。（4）会计稳健性（$C-score_{i,t}$）均值、中位数分别为－0.022和0.014，标准差为0.600，表明上市公司所采用的稳健性水平差异巨大。（5）非效率投资（$Ineff_{i,t}$）均值、中位数分别为0.041和0.029，标准差为0.070，表示各上市公司投资风险大致相当。（6）内部控制水平（$Intercon_{i,t}$）均值、中位数分别为6.504和6.530，标准差为0.165，表明各上市公司内部控制水平存在一定差异。

表 4-2 **变量描述性统计结果**

变量	样本量	均值	标准差	最小值	中值	最大值
$NCSKEW_{i,t+1}$	12129	0.193	0.941	-6.184	0.241	3.878
$DUVOL_{i,t+1}$	12129	-0.331	0.727	-10.590	-0.292	2.145
$Tenure^2_{i,t}$	12129	15.780	27.220	0	4.694	361.000
$Tenure_{i,t}$	12129	2.958	2.651	0	2.167	19.000
$Dturn_{i,t}$	12129	-0.090	0.437	-1.671	-0.040	0.921
$Ret_{i,t}$	12129	0.005	0.014	-0.026	0.004	0.053
$Sigma_{i,t}$	12129	0.066	0.023	0.030	0.061	0.145
$Lev_{i,t}$	12129	0.457	0.234	0.041	0.455	1.227
$Size_{i,t}$	12129	21.730	1.286	18.900	21.570	25.660
$Mb_{i,t}$	12129	0.902	0.841	0.093	0.623	4.730
$Roa_{i,t}$	12129	0.042	0.060	-0.227	0.039	0.226
$First_{i,t}$	12129	0.363	0.153	0.089	0.344	0.758
$Ppe_{i,t}$	12129	0.239	0.175	0.002	0.203	0.746
$Int_{i,t}$	12129	0.047	0.055	0.000	0.032	0.327
$Da_{i,t}$	12129	-0.001	0.750	-69.920	0.005	32.270
$C-score_{i,t}$	12129	-0.022	0.600	-21.440	0.014	23.290
$Ineff_{i,t}$	12129	0.041	0.070	0	0.029	4.431
$Intercon_{i,t}$	12129	6.504	0.165	2.194	6.530	6.903

资料来源：笔者根据本章使用的样本数据运用 Stata 14.0 软件计算整理而得。

二、多元回归分析结果与分析

（一）CEO 任职周期与股价崩盘风险的关系检验

CEO 任职周期与股价崩盘风险回归结果，见表 4-3。表 4-3 是根据式（4-14）计算得出的，即 CEO 任职周期对股价崩盘风险影响的多元回归结果。可以看到，表 4-3 中的第（3）列中 CEO 任职周期平方项（$Tenure^2_{i,t}$）回归系数、CEO 任职周期（$Tenure_{i,t}$）回归系数分别为 0.002 和 -0.023，第（6）列中 CEO 任职周期平方项回归系数、CEO 任职周期回归系数分别为 0.002 和 -0.028，并且均在 1% 的水平上显著。该结果符合预期，表明上市公司 CEO 任职周期与股价崩盘风险间的“U”型关系显著存在，研究结果验证了假设 4-1。就其他控制变量而言，第 t 年负收益偏态系数（$NCSKEW_{i,t}$）和收益上下波动比率（$DUVOL_{i,t}$）的回归系数显著为正，说明股票暴跌事件的发生会严重打击投资者信心，影响投资者未来对该公司股价的敏感程度，进而加大未来公司股价崩盘风险。同时，账市比（$Mb_{i,t}$）、第一大股东持股比例（$First_{i,t}$）、去趋势化的换手率（$Dturn_{i,t}$）、周特有收益率均值（$Ret_{i,t}$）、周特有收益率标准差（$Sigma_{i,t}$）等变量的系数显著为负，资产负债率（$Lev_{i,t}$）、公司规模（$Size_{i,t}$）、固定资产占总资产比例（$Ppe_{i,t}$）等变量的系数显著为正，这与既有研究结论一致。

表 4-3　　CEO 任职周期与股价崩盘风险回归结果

变量	$NCSKEW_{i,t+1}$			$DUVOL_{i,t+1}$		
	(1)	(2)	(3)	(4)	(5)	(6)
$Tenure^2_{i,t}$	—	—	0.002*** (2.922)	—	—	0.002*** (3.738)
$Tenure_{i,t}$	—	-0.019*** (-2.870)	-0.023*** (-3.750)	—	-0.026*** (-4.346)	-0.028*** (-5.451)
$NCSKEW_{i,t}$	0.187*** (19.931)	0.188*** (19.999)	0.188*** (19.940)	—	—	—
$DUVOL_{i,t}$	—	—	—	0.172*** (14.756)	0.144*** (12.464)	0.143*** (12.429)
$Dturn_{i,t}$	-0.054*** (-2.735)	-0.058*** (-2.841)	-0.059*** (-2.865)	-0.161*** (-11.252)	-0.138*** (-9.829)	-0.138*** (-9.807)
$Ret_{i,t}$	-7.819*** (-9.586)	-7.917*** (-9.701)	-7.951*** (-9.744)	17.825*** (25.457)	17.348*** (25.242)	17.362*** (25.274)
$Sigma_{i,t}$	-1.713*** (-5.814)	-1.570*** (-5.255)	-1.522*** (-5.087)	-0.855*** (-4.367)	-1.701*** (-8.692)	-1.740*** (-8.880)

续表

变量	$NCSKEW_{i,t+1}$			$DUVOL_{i,t+1}$		
	(1)	(2)	(3)	(4)	(5)	(6)
$Lev_{i,t}$	0.034 (1.480)	0.039 * (1.683)	0.042 * (1.811)	0.082 *** (5.049)	0.057 *** (3.563)	0.054 *** (3.397)
$Size_{i,t}$	0.099 *** (11.411)	0.098 *** (11.236)	0.099 *** (11.408)	0.067 *** (10.932)	0.072 *** (12.075)	0.071 *** (11.802)
$Mb_{i,t}$	-0.121 *** (-10.270)	-0.121 *** (-10.298)	-0.123 *** (-10.395)	-0.154 *** (-18.713)	-0.152 *** (-18.834)	-0.151 *** (-18.699)
$Roa_{i,t}$	0.051 (0.813)	0.063 (1.008)	0.071 (1.124)	0.168 *** (3.831)	0.105 ** (2.437)	0.099 ** (2.287)
$First_{i,t}$	-0.242 *** (-4.352)	-0.232 *** (-4.154)	-0.238 *** (-4.269)	-0.163 *** (-4.196)	-0.222 *** (-5.827)	-0.217 *** (-5.674)
$Ppe_{i,t}$	0.133 *** (2.840)	0.141 *** (2.999)	0.145 *** (3.090)	0.222 *** (6.784)	0.184 *** (5.723)	0.180 *** (5.604)
$Int_{i,t}$	-0.015 (-0.127)	-0.008 (-0.068)	-0.014 (-0.114)	-0.219 *** (-2.739)	-0.261 *** (-3.206)	-0.256 *** (-3.149)
Constant	-1.726 *** (-9.443)	-1.741 *** (-9.521)	-1.811 *** (-9.825)	-1.675 *** (-13.048)	-1.556 *** (-12.344)	-1.494 *** (-11.754)
Year/Ind	控制	控制	控制	控制	控制	控制
观测值数	12129	12129	12129	12129	12129	12129
$Adj-R^2$	0.050	0.050	0.051	0.101	0.135	0.135

注：括号内是对标准误进行异方差稳健处理及公司层面群聚调整后的 t 值，***、**、*分别表示在 1%、5% 和 10% 的水平上显著。“—”表示无数据。

资料来源：笔者根据相关样本数据运用 Stata 14.0 软件对式（4-11）回归分析而得。

（二）CEO 任职周期与股价崩盘风险关系的中介效应检验

为了进一步研究 CEO 任职周期“季节性”影响股价崩盘风险的中介机制，借助爱德华兹和兰伯特（Edwards and Lambert，2007）提出的调节路径分析法，分两步考察中介效应：其一，分别检验 CEO 任职周期（$Tenure_{i,t}$）对盈余管理（$Da_{i,t}$）、会计稳健性（$C-score_{i,t}$）、非效率投资（$Ineff_{i,t}$）的影响；其二，分别检验盈余管理、会计稳健性、非效率投资是否在 CEO 任职周期与股价崩盘风险间起到了传导作用。

第一步，CEO 任职周期与中介变量的关系分析。CEO 任职周期与中介变量的回归结果，见表 4－4。在表 4－4 的第（1）列、第（2）列中，盈余管理与 CEO 任职周期的回归系数为负，第（2）列中盈余管理与 CEO 任职周期平方项（$Tenure^2$）回归系数显著为正，该结果表明 CEO 任职周期与盈余管理之间存在显著的“U”型关系；在第（3）列、第（4）列中，会计稳健性与 CEO 任职周期的回归系数显著为正，第（4）列中会计稳健性与 CEO 任职周期平方项回归系数显著为负，该结果表明 CEO 任职周期与会计稳健性之间存在显著的倒“U”型关系；在第（5）列、第（6）列中，非效率投资与 CEO 任职周期回归系数为负，第（6）列中的非效率投资与 CEO 任职周期平方项回归系数显著为正，该结果表明 CEO 任职周期与非效率投资之间存在显著的“U”型关系。简而言之，CEO 任职周期与三个中介变量均存在显著的正“U”型关系或倒“U”型关系。该结果初步说明，本章所选中介变量有一定研究意义，下面，进一步检验它们是否发挥了中介作用。

表 4－4　　CEO 任职周期与中介变量的回归结果

变量	$Da_{i,t}$		$C-score_{i,t}$		$Ineff_{i,t}$	
	（1）	（2）	（3）	（4）	（5）	（6）
$Tenure^2_{i,t}$	—	0.001** (2.512)	—	−0.001*** (−2.703)	—	0.001* (1.920)
$Tenure_{i,t}$	−0.002*** (−2.778)	−0.002 (−1.259)	0.006*** (3.175)	0.018*** (3.655)	−0.001 (−1.524)	−0.002** (−2.333)
控制变量	控制	控制	控制	控制	控制	控制
Ind/Year	控制	控制	控制	控制	控制	控制
观测值数	12129	12129	12129	12129	12129	12129
$Adj-R^2$	0.279	0.279	0.083	0.083	0.140	0.141

注：括号内是对标准误进行异方差稳健处理及公司层面群聚调整后的 t 值，***、**、*分别表示在 1%、5% 和 10% 的水平上显著。“—”表示无数据。

资料来源：根据相关样本数据运用 Stata 14.0 软件对式（4－15）回归分析而得。

第二步，CEO 任职周期与股价崩盘风险关系的传导路径分析。在表 4 - 5 的第（1）列和第（5）列中分别显示了不含中介因子的股价崩盘风险回归结果，第（2）列和第（6）列、第（3）列和第（7）列、第（4）列和第（8）列分别显示了包含盈余管理（Da）、会计稳健性（C - $score_{i,t}$）、非效率投资（$Ineff_{i,t}$）三个中介因子的回归结果。同时，为了消除引入中介变量与 CEO 任职周期交乘项引起的多重共线性问题，在回归前已对所有变量实施了均值中心化（mean-centered）处理。

首先，分析将盈余管理（$Da_{i,t}$）作为中介因子的检验结果。中介效应的检验结果，见表 4 - 5。由表 4 - 5 的第（2）列可见，当使用负收益偏态系数（$NCSKEW_{i,t+1}$）测度股价崩盘风险时，中介因子盈余管理（$Da_{i,t}$）的回归系数显著为正，CEO 任职周期与盈余管理的交互项（$Tenure_{i,t} \times Da_{i,t}$）回归系数显著为负，在加入中介因子盈余管理前后 CEO 任职周期平方项的回归系数均显著为正，回归系数与显著性水平均未发生变化；由第（6）列可见，当使用收益上下波动比率（$DUVOL_{i,t+1}$）测度股价崩盘风险时，中介因子盈余管理的回归系数显著为正，CEO 任职周期与盈余管理的交互项回归系数显著为负，在加入中介因子盈余管理前后 CEO 任职周期平方项的回归系数与显著性水平均没有发生变化。该结果表明，盈余管理在 CEO 任职周期与股价崩盘风险的关系中并没有起到显著中介效应，假设 4 - 2a 未得到验证。

其次，分析将会计稳健性（C - $score_{i,t}$）作为中介因子的检验结果。由表 4 - 5 第（3）列可知，当使用负收益偏态系数（$NCSKEW_{i,t+1}$）测度股价崩盘风险时，中介因子会计稳健性（C - $score_{i,t}$）的回归系数显著为负，CEO 任职周期和会计稳健性的交互项（$Tenure_{i,t} \times$ C - $score_{i,t}$）系数为负但不显著；由表 4 - 5 的第（7）列可知，当使用收益上下波动比率（$DUVOL_{i,t+1}$）测量股价崩盘风险时，中介因子会计稳健性回归系数显著为负，CEO 任职周期与会计稳健性的交互项系数为负但不显著。由此可见，在加入会计稳健性及其与 CEO 任职周期交互项后的回归模型中，会计稳健性与股价崩盘风险显著负相关，即会计选择越谨慎保守，公司出现股价暴跌的可能性越低，此外，CEO 任职周期与会计稳健性的交互项对

表 4-5 中介效应的检验结果

变量	$NCSKEW_{i,t+1}$				$DUVOL_{i,t+1}$			
	无中介因子	$Da_{i,t}$ 作为中介因子	$C-score_{i,t}$ 作为中介因子	$Ineff_{i,t}$ 作为中介因子	无中介因子	$Da_{i,t}$ 作为中介因子	$C-score_{i,t}$ 作为中介因子	$Ineff_{i,t}$ 作为中介因子
	(1)	(2)	(3)	(4)	(5)	(6)	(7)	(8)
$Tenure^2_{i,t}$	0.002*** (2.922)	0.002*** (2.911)	0.002*** (2.933)	0.002* (1.938)	0.002*** (3.738)	0.002*** (3.715)	0.002*** (3.723)	0.002*** (3.036)
$Tenure_{i,t}$	-0.023*** (-3.750)	-0.029*** (-3.408)	-0.030*** (-3.780)	-0.023 (-1.352)	-0.028*** (-5.451)	-0.031*** (-5.401)	-0.037*** (-5.878)	-0.030*** (-5.319)
$Da_{i,t}$	—	0.202*** (3.309)	—	—	—	0.224*** (5.345)	—	—
$Tenure_{i,t} \times Da_{i,t}$	—	-0.164*** (-8.763)	—	—	—	-0.028** (-2.193)	—	—
$C-score_{i,t}$	—	—	-0.004** (-2.083)	—	—	—	-0.017*** (-3.576)	—
$Tenure_{i,t} \times C-score_{i,t}$	—	—	-0.006 (-0.384)	—	—	—	-0.030 (-1.262)	—
$Ineff_{i,t}$	—	—	—	0.119* (1.917)	—	—	—	0.066** (2.418)

续表

变量	$NCSKEW_{i,t+1}$				$DUVOL_{i,t+1}$			
	无中介因子	$Da_{i,t}$ 作为中介因子	$C-score_{i,t}$ 作为中介因子	$Ineff_{i,t}$ 作为中介因子	无中介因子	$Da_{i,t}$ 作为中介因子	$C-score_{i,t}$ 作为中介因子	$Ineff_{i,t}$ 作为中介因子
	(1)	(2)	(3)	(4)	(5)	(6)	(7)	(8)
$Tenure_{i,t} \times Ineff_{i,t}$	—	—	—	0.102 (1.472)	—	—	—	0.092 (1.545)
控制变量	控制	控制	控制	控制	控制	控制	控制	控制
Ind/Year	控制	控制	控制	控制	控制	控制	控制	控制
观测值数	12129	12129	12129	12129	12129	12129	12129	12129
$Adj-R^2$	0.051	0.058	0.051	0.049	0.135	0.138	0.136	0.101

注：括号内是对标准误进行异方差稳健处理及公司层面群聚调整后的 t 值，***、**、* 分别表示在 1%、5% 和 10% 的水平上显著。“—”表示无数据。

资料来源：笔者根据相关样本数据运用 Stata 14.0 软件对式（4-11）、式（4-14）回归分析而得。

股价崩盘风险均不存在显著性影响。该结果表明，会计稳健性在 CEO 任职周期与股价崩盘风险之间存在显著的中介作用，假设 4 -2b 得到验证。

最后，分析非效率投资（$Ineff_{i,t}$）作为中介因子的检验结果。由表 4 -5 第（4）列可见，当使用负收益偏态系数（$NCSKEW_{i,t+1}$）测度股价崩盘风险时，中介因子非效率投资（$Ineff_{i,t}$）的回归系数显著为正，CEO 任职周期与非效率投资的交互项回归系数为正但不显著；由表 4 -5 第（8）列可见，当使用收益上下波动比率（$DUVOL_{i,t+1}$）测度股价崩盘风险时，中介因子非效率投资的回归系数显著为正，但同时 CEO 任职周期与非效率投资的交互项（$Tenure_{i,t} \times Ineff_{i,t}$）回归系数为正但不显著。由此可见，非效率投资与股价崩盘风险显著正相关，同时，CEO 任职周期与非效率投资的交互项与股价崩盘风险不显著相关，表明非效率投资在 CEO 任职周期与股价崩盘风险之间关系中的中介效应显著，假设 4 -2c 得到验证。

（三）内部控制对 CEO 任职周期与股价崩盘风险关系的调节效应检验

内部控制调节效应的检验结果，见表 4 -6。表 4 -6 显示了内部控制效率（$Intercon_{i,t}$）对 CEO 任职周期（$Tenure_{i,t}$）与股价崩盘风险之间“U”型关系的调节效应结果。由第（2）列、第（5）列可见，内部控制效率与负收益偏态系数（$NCSKEW_{i,t+1}$）和收益上下波动比率（$DUVOL_{i,t+1}$）的回归系数均显著为负，说明高效率内部控制有助于及时释放“坏消息”、能有效抑制股价暴跌的风险；而从第（3）列、第（6）列可见，无论用负收益偏态系数还是用收益上下波动比率衡量股价崩盘风险，CEO 任职周期平方项的回归系数均不再显著。CEO 任职周期平方项与内部控制效率交互项的回归系数分别为 -0.071 与 -0.081，且分别在 10% 和 5% 的水平上显著，CEO 任职周期平方项与内部控制效率交互项的回归系数分别为 -0.007 与 -0.006，且分别在 5% 和 10% 的水平上显著，说明高效率内部控制能有效缓解 CEO 任职周期与股价崩盘风险之间的“U”型关系。假设 4 -3 得到验证。

表 4－6　　内部控制调节效应的检验结果

变量	$NCSKEW_{i,t+1}$			$DUVOL_{i,t+1}$		
	(1)	(2)	(3)	(4)	(5)	(6)
$Tenure^2_{i,t}$	0.002*** (2.922)	—	0.048 (1.302)	0.002*** (3.738)	—	0.034 (1.337)
$Tenure_{i,t}$	－0.023*** (－3.750)	—	－0.491 (－1.277)	－0.028*** (－5.451)	—	0.362* (1.760)
$Intercon_{i,t}$	—	－0.100* (－1.693)	0.010 (0.091)	—	－0.142*** (－3.451)	0.226*** (2.904)
$Tenure^2_{i,t}\times$ $Intercon_{i,t}$	—	—	－0.007** (－2.136)	—	—	－0.006* (－1.713)
$Tenure_{i,t}\times$ $Intercon_{i,t}$	—	—	－0.071* (－1.698)	—	—	－0.081** (－2.010)
控制变量	控制	控制	控制	控制	控制	控制
Ind/Year	控制	控制	控制	控制	控制	控制
观测值数	12129	12129	12129	12129	12129	12129
$Adj-R^2$	0.051	0.053	0.054	0.135	0.107	0.140

注：括号内是对标准误进行异方差稳健处理及公司层面群聚调整后的 t 值，***、**、*分别表示在 1%、5%和 10%的水平上显著。“—”表示无数据。

资料来源：笔者根据相关样本数据运用 Stata 14.0 软件对式（4－16）回归分析而得。

第五节　进一步检验与拓展性分析

一、进一步检验

（一）考虑内生性的系统广义矩估计检验

本章前文为分析 CEO 任职周期对股价崩盘风险的影响，在主回归模型式（4－11）中，对被解释变量股价崩盘风险采用了第 t+1 期值，而对解释变量和控制变量均采用了滞后一期值，该做法在一定程度上缓解了内生性。但为了充分考虑公司股价崩盘风险在证券市场上的延续性（从表4－3可看出，变量NCSKEW和变量DUVOL均高度序列相关）并进一步减轻内生性影响，本章借鉴李延喜和陈克兢（2014），蔡艳萍和刘晓光（2018）的思路，对式（4－11）进行了适当调整，构造了动态面板数据模型（即仅保留$Crash_{i,t}$滞后一期形式作为工具变量，其他解释变量、控制变量与被解释变量均采用第t+1期值），并在其基础上运用系统广义矩估计法（SYS－GMM）做进一步检验。CEO任期与股价崩盘风险的动态面板数据模型GMM回归结果，见表4－7。由表4－7可以看到，第（1）列、第（2）列中AR(1）的p值均等于0.000，AR（2）的p值均大于0.100，说明随机误差项差分存在一阶自相关但不存在二阶自相关，构建动态面板数据模型是合理的；而SARGAN检验的p值都大于0.100，说明工具变量不存在过度识别。同时，CEO任期平方项（$Tenure_{i,t}^2$）回归系数显著为正，CEO任期（$Tenure_{i,t}$）回归系数显著为负，该结果表明上市公司CEO任职周期与股价崩盘风险之间的"U"型关系仍然显著，股价崩盘的任职周期"季节效应"假说成立。

表4－7　CEO任期与股价崩盘风险的动态面板数据模型GMM回归结果

变量	$NCSKEW_{i,t+1}$	$DUVOL_{i,t+1}$
	(1)	(2)
$Tenure_{i,t+1}^2$	0.004*** (3.365)	0.005*** (4.369)
$Tenure_{i,t+1}$	－0.052*** (－4.291)	－0.061*** (－6.362)
$NCSKEW_{i,t}$	0.095*** (3.876)	—
$DUVOL_{i,t}$	—	0.079** (3.152)
$Dturn_{i,t+1}$	－0.064*** (－3.061)	－0.147*** (－10.231)

续表

变量	$NCSKEW_{i,t+1}$	$DUVOL_{i,t+1}$
	(1)	(2)
$Ret_{i,t+1}$	-4.823** (-2.218)	9.590*** (3.754)
$Sigma_{i,t+1}$	-3.241*** (-9.156)	-3.908*** (-12.675)
$Lev_{i,t+1}$	0.037 (1.034)	0.029 (1.528)
$Size_{i,t+1}$	0.084*** (8.556)	0.060*** (8.947)
$Mb_{i,t+1}$	-0.095 (-1.034)	-0.102* (-1.732)
$Roa_{i,t+1}$	-0.107* (-1.854)	-0.145** (-2.543)
$First_{i,t+1}$	-0.221*** (-3.116)	-0.198*** (-3.507)
$Ppe_{i,t+1}$	0.127** (2.194)	0.151*** (2.763)
$Int_{i,t+1}$	-0.045* (-1.693)	-0.197** (-2.058)
Constant	-2.186*** (-13.714)	-2.968*** (-15.380)
Ind/Year	控制	控制
观测值数	12129	12129
χ^2 统计量	212.40	221.73
AR(1) P value	0.000	0.000
AR(2) P value	0.276	0.368
SARGAN P value	0.347	0.431

注：括号内是对标准误进行异方差稳健处理及公司层面群聚调整后的 z 值，***、**、*分别表示在 1%、5% 和 10% 的水平上显著。"—" 表示无数据。

资料来源：笔者根据相关样本数据运用 Stata 14.0 软件对式（4-11）的系统广义矩估计回归分析而得。

（二）考虑任职经验、晋升方式、业界声誉等CEO个人特征差异的进一步检验

为了进一步加深对CEO任职周期影响公司股价崩盘风险关系的认识，本章引入职业经验（Exp）、业界声誉（Rep）、晋升方式（Prom）三项对CEO管理知识与管理能力、声誉维护倾向存在影响的个人特征，以便充分考虑对CEO“速胜”动机、短视化和机会主义行为可能带来影响的因素，进而在其基础上分析CEO任职周期对股价崩盘风险的作用机制。任职经验、业界声誉、晋升方式对CEO任职周期与股价崩盘风险关系的影响，见表4－8。

首先，考虑CEO职业经验（Exp）带来的影响。如前所述，造成CEO任职周期初期产生“速胜”动机进行激进决策的动因，在很大程度上源自他们在对公司尚缺乏足够认识的情况下急于向市场传递治理有方的信号，因此，当CEO年轻、新入行、职业经验较缺乏的情况下，这种“速胜”动机往往会显得更强烈，其驱动的决策往往会更脱离实际，对应的决策激进度、风险承担水平、股价崩盘风险等也会更高，结果将是任期与股价崩盘风险之间整体的“U”型关系更强。为验证这一推测，本章基于CEO年龄构建了职业经验（Exp）指标，并根据上市公司CEO年龄是否超过年度内所属行业CEO年龄中位数进行分组，当年龄小于行业中位数可被视为入行时间较短、职业经验不够丰富，反之，则被视为职业经验丰富。分组回归后的结果如表4－8中的Panel A所示，可以看到经验不丰富组（Low－Exp）中$Tenure_{i,t}^2$的回归系数分别为0.003和0.002且均在5%的水平上显著，其系数高于或等于经验丰富组（High－Exp）中$Tenure_{i,t}^2$的回归系数分别为0.001和0.002，且显著性水平更高。这表明，年轻、新入行、经验不够丰富的CEO，其任职周期与公司股价崩盘风险之间存在更明显的“U”型关系，上述理论推测成立。

其次，考虑CEO业界声誉（Rep）带来的影响。如前所述，CEO在任职初期基于“速胜”动机的激进决策导致了公司风险承担增加和风险积累水平提高，进而加大了股价崩盘风险；在任职末期，CEO因忽

表 4-8 任职经验、业界声誉、晋升方式对 CEO 任职周期与股价崩盘风险关系的影响

Panel A：CEO 职业经验（Exp）的影响

变量	经验不丰富（Low - Exp）				经验丰富（High - Exp）			
	$NCSKEW_{i,t+1}$		$DUVOL_{i,t+1}$		$NCSKEW_{i,t+1}$		$DUVOL_{i,t+1}$	
	系数	T 值	系数	T 值	系数	T 值	系数	T 值
$Tenure^2_{i,t}$	0.003**	2.547	0.002**	2.304	0.001	1.318	0.002	1.197
$Tenure_{i,t}$	-0.034**	-1.983	-0.030***	-6.342	-0.013	-1.465	-0.025*	-1.776
控制变量	控制		控制		控制		控制	
Ind/Year	控制		控制		控制		控制	
观测值数	6065		6065		6064		6064	
$Adj-R^2$	0.052		0.143		0.049		0.118	

Panel B：CEO 业界声誉（Rep）的影响

变量	低业界声誉（Low - Rep）				高业界声誉（High - Rep）			
	$NCSKEW_{i,t+1}$		$DUVOL_{i,t+1}$		$NCSKEW_{i,t+1}$		$DUVOL_{i,t+1}$	
	系数	T 值	系数	T 值	系数	T 值	系数	T 值
$Tenure^2_{i,t}$	0.003***	3.062	0.002**	2.250	0.001	1.512	0.002	1.638
$Tenure_{i,t}$	-0.039***	-3.219	-0.031***	-2.927	-0.008*	-1.725	-0.024**	-2.314
控制变量	控制		控制		控制		控制	
Ind/Year	控制		控制		控制		控制	

续表

Panel B：CEO 业界声誉（Rep）的影响								
变量	低业界声誉（Low - Rep）				高业界声誉（High - Rep）			
	$NCSKEW_{i,t+1}$		$DUVOL_{i,t+1}$		$NCSKEW_{i,t+1}$		$DUVOL_{i,t+1}$	
	系数	T 值	系数	T 值	系数	T 值	系数	T 值
观测值数	6065		6065		6064		6064	
Adj - R^2	0.065		0.149		0.045		0.106	
Panel C：CEO 晋升方式（Prom）的影响								
变量	内部升任（Ins - Prom）				外部聘任（Out - Prom）			
	$NCSKEW_{i,t+1}$		$DUVOL_{i,t+1}$		$NCSKEW_{i,t+1}$		$DUVOL_{i,t+1}$	
	系数	T 值	系数	T 值	系数	T 值	系数	T 值
$Tenure^2_{i,t}$	0.002**	2.034	0.002***	3.085	0.003	1.623	0.001	0.516
$Tenure_{i,t}$	-0.021**	-2.226	-0.032***	-7.597	-0.024	-1.118	-0.014	-1.491
控制变量	控制		控制		控制		控制	
Year/Ind	控制		控制		控制		控制	
观测值数	9527		9527		2602		2602	
Adj - R^2	0.059		0.127		0.041		0.118	

注：括号内是对标准误进行异方差稳健处理及公司层面群聚调整后的 t 值，***、**、*分别表示在 1%、5% 和 10% 的水平上显著。
资料来源：笔者根据相关样本数据进行分组后运用 Stata 14.0 软件对式（4-11）回归分析而得。

视对声誉的关注而为了个人短期利益做出有损公司长期利益的决策，导致经营风险提升进而加大了股价崩盘风险。对享有较高业界声誉的CEO而言，上述作用的强度或许存在差异。具体来看，声誉好的CEO在任职初期较易获得市场认可，出于对自身声誉的爱护，其选择激进决策传递胜任能力的动机将较弱；在任职末期，他们会充分考虑自身声誉而减少短视化和机会主义的风险性决策，因此，高声誉或在一定程度上降低前述的"U"型关系。为验证这一推测，本章参考曹国华、杨俊杰和林川（2017）的做法，在百度新闻中检索CEO的名字，利用"检索次数+1"的对数值作为衡量CEO声誉的代理变量（Rep）。按中位数分组后，分别对高业界声誉组（High－Rep）和低业界声誉组（Low－Rep）进行回归，结果见表4－8的Panel B。可以看到，低业界声誉组中$Tenure_{i,t}^2$系数分别为0.003和0.002且分别在1%和5%的水平上显著，其系数和显著性水平均高于或等于高业界声誉组中$Tenure_{i,t}^2$系数和显著性水平。这表明，CEO声誉会在一定程度上影响任期与公司股价崩盘风险之间的"U"型关系，低声誉CEO的任职周期更容易和公司股价崩盘风险呈"U"型关系，上述理论推测成立。

最后，考虑CEO晋升方式带来的影响。本章在对假设4－1的推导中认为，因为低阶岗位所需的知识和技能不同于成功CEO所需的知识和技能，所以，即使CEO通过企业内部升任也存在向市场传递胜任能力的压力。换而言之，任职初期的"速胜"动机、任职末期的短视和机会主义倾向等分析思路适用于外部聘任和内部升任两种不同晋升方式产生的CEO。本章认为，CEO晋升方式对任职周期与股价崩盘风险之间关系也可能产生类似业界声誉所产生的影响。具体来看，外部聘任CEO来自职业经理人市场，出于职业生涯考虑，往往更加爱护自身声誉，在任职初期，虽然与内部升任CEO一样需要尽快获得市场认可，但出于职业生涯考虑，将会适度克制激进的决策冲动；同样，在任职末期，外部聘任CEO虽然存在短视行为和机会主义冲动，但是，出于对职业生涯和声誉的关注，则会选择不再铤而走险。因此，外部聘任CEO任期与股价崩盘风险的"U"型关系或将较之内部升任CEO更弱。为验证这一推测，笔者手工查阅了上市公司 CEO 个人资料，分别得到了内部升任与外部聘任的样本数据，并据以构建了 CEO 晋升方式变量（Prom），分组回归后的结果见表 4－8 的 Panel C。可以看到，内部升任组（Ins－Prom）$Tenure_{i,t}^2$系数均为 0.002 且分别在 5% 和 1% 水平上显著，而外部聘任组（Out－Prom）$Tenure_{i,t}^2$系数分别为 0.003 和 0.001，但不显著。这表明，晋升方式也在一定程度上影响了 CEO 任职周期与股价崩盘风险的"U"型关系，上述推测得到验证。

（三）排除 CEO 辞职、公司发展等因素的进一步检验

首先，排除 CEO 辞职影响。CEO 辞职消息往往会在一定阶段内给上市公司股价带来不稳定，因此，在考察 CEO 任职周期影响公司股价崩盘风险时，应尽量排除这一影响。排除辞职事件影响后 CEO 任职周期与股价崩盘风险关系的检验、CEO 换届对股价崩盘风险的影响检验，见表 4－9。基于此，本章手工采集了 CEO 辞职的上市公司样本，并剔除了 CEO 辞职当年和前一年的观测值，最终获得 11487 个观测值，剔除样本前后的回归结果见表 4－9 的 Panel A。可以看到，剔除 CEO 辞职样本后，$Tenure_{i,t}^2$的回归系数分别为 0.002 和 0.003 且均在 1% 水平上显著；与剔除样本前 $Tenure_{i,t}^2$的回归系数均为 0.002 且均在 1% 水平上显著的结论相比差别不大。由此可见，排除辞职事件影响后，CEO 任期与股价崩盘风险的"U"型关系仍然显著。

其次，排除公司发展因素，检验 CEO 到期换届对股价崩盘风险的影响。中国资本市场发展时间较短，对部分上市公司而言，CEO 任期往往伴随着公司发展。通常情况下，公司在成立初期经营风险较高，股价崩盘风险相应较高，但随着公司经营逐渐稳定，在进入成熟期后，公司的经营风险将自然降低，股价崩盘风险会随之降低。因此，CEO 任期与公司股价崩盘风险关系的验证，应排除公司发展因素的影响。基于此，本章以 CEO 到期换届作为实验事件，检验更换 CEO 是否会影响股价崩盘风险。若 CEO 更换影响了股价崩盘风险，则说明股价崩盘风险的变化并非仅源自公司经营周期。表 4－9 的 Panel B 展

表 4-9 排除辞职事件影响后 CEO 任职周期与股价崩盘风险关系的检验、CEO 换届对股价崩盘风险的影响检验

Panel A：排除辞职事件影响后 CEO 任职周期与股价崩盘风险关系的检验

变量	全样本				剔除 CEO 辞职当年及前一年样本			
	$NCSKEW_{i,t+1}$		$DUVOL_{i,t+1}$		$NCSKEW_{i,t+1}$		$DUVOL_{i,t+1}$	
	系数	T 值	系数	T 值	系数	T 值	系数	T 值
$Tenure^2_{i,t}$	0.002***	2.922	0.002***	3.738	0.002***	2.981	0.003***	3.957
$Tenure_{i,t}$	-0.023**	-3.750	-0.028***	-5.451	-0.026***	-3.842	-0.031***	-6.014
控制变量	控制		控制		控制		控制	
Ind/Year	控制		控制		控制		控制	
观测值数	12129		12129		11487		11487	
$Adj-R^2$	0.051		0.135		0.046		0.124	

Panel B：CEO 换届对公司股价崩盘风险的影响

变量	全样本		PSM 配对		外聘 CEO（DID）		高业界声誉 CEO（DID）	
	$NCSKEW_{i,t+1}$	$DUVOL_{i,t+1}$	$NCSKEW_{i,t+1}$	$DUVOL_{i,t+1}$	$NCSKEW_{i,t+1}$	$DUVOL_{i,t+1}$	$NCSKEW_{i,t+1}$	$DUVOL_{i,t+1}$
$CHANGE_{i,t}$	0.065** (1.991)	0.114*** (5.633)	0.073** (2.136)	0.108*** (4.074)	0.078** (2.543)	0.134*** (3.270)	0.077** (2.501)	0.132*** (3.016)
$TREAT_{i,t}$	—	—	—	—	-0.014 (-1.625)	-0.016* (-1.783)	-0.011 (-1.605)	-0.015* (-1.697)

续表

Panel B：CEO 换届对公司股价崩盘风险的影响								
变量	全样本		PSM 配对		外聘 CEO（DID）		高业界声誉 CEO（DID）	
	$NCSKEW_{i,t+1}$	$DUVOL_{i,t+1}$	$NCSKEW_{i,t+1}$	$DUVOL_{i,t+1}$	$NCSKEW_{i,t+1}$	$DUVOL_{i,t+1}$	$NCSKEW_{i,t+1}$	$DUVOL_{i,t+1}$
$CHANGE_{i,t} \times TREAT_{i,t}$	—	—	—	—	-0.033* (-1.914)	-0.025* (-1.862)	-0.023** (-2.011)	-0.016* (-1.764)
控制变量	控制	控制	控制	控制	控制	控制	控制	控制
Ind/Year	控制	控制	控制	控制	控制	控制	控制	控制
观测值数	12129	12129	4146	4146	1976	1976	3128	3128
Adj/Pseudo R^2	0.049	0.124	0.199	0.201	0.053	0.126	0.074	0.120

注：括号内是对标准误进行异方差稳健处理及公司层面群聚调整后的 t 值，***、**、* 分别表示在 1%、5% 和 10% 的水平上显著。“—”表示无数据。

资料来源：笔者根据相关样本数据，进行剔除样本、PSM 配对、分组等处理后运用 Stata 14.0 软件对式（4-11）进行回归分析或 DID 回归分析而得。

示了 CEO 换届（CHANGE）对股价崩盘风险影响的检验结果。首先，在全样本 OLS 回归中，CEO 换届系数均显著为正；在对 CEO 换届样本按照 nearest-neighbor 的不可重复匹配法进行 1∶1 倾向得分匹配（PMS）后，CEO 换届系数仍然显著为正，这表明 CEO 换届当年的股价崩盘风险会提升。其次，针对更换外部聘任 CEO 进行倾向得分匹配后的双重差分方法回归（DID），可看到交乘项 $CHANGE_{i,t} \times TREAT_{i,t}$ 系数显著为负且 CEO 更换系数显著为正，这表明虽然在 CEO 更换当年股价崩盘风险有所上升，但从外部聘任的 CEO 会弱化这种效应；同样，针对更换高声誉 CEO 进行倾向得分匹配后的双重差分方法回归，也可以看到 CHANGE × TREAT 系数显著为负且 CEO 更换系数显著为正，这表明虽然在 CEO 更换当年股价崩盘风险有所上升，但是，聘任高声誉 CEO 会弱化这种效应。总体来看，以上结果排除了股价崩盘风险变化仅受公司生命周期影响的推测，验证了 CEO 换届对公司股价崩盘风险存在的影响。

二、拓展性分析

（一）CEO 任职周期与公司股价崩盘风险之间“U”型关系的拓展分析

根据本章前文回归结果，还可用求导法得出 CEO 任职周期与股价崩盘风险之间“U”型关系的拐点。具体来看，在表 4－3 第（3）列以 $NCSKEW_{i,t+1}$ 为被解释变量的情况下，$Tenure^2_{i,t}$ 和 $Tenure_{i,t}$ 的回归系数分别为 0.002 和 －0.023（保留五位小数分别为 0.00207 和 －0.02330），极值点为 $Tenure_1^* = 5.628$；在第（6）列以 $DUVOL_{t+1}$ 为被解释变量的情况下，$Tenure^2_{i,t}$ 和 $Tenure_{i,t}$ 的回归系数分别为 0.002 和 －0.028（保留五位小数则分别为 0.00243 和 －0.02806），极值点为 $Tenure_2^* = 5.774$。这表明，从统计意义上说，在以负收益偏态系数、收益上下波动比率分别反映股价崩盘风险的情况下，CEO 任职周期为 5.628 年、5.774 年时，公司股价崩盘风险降到最低。同时，本书还进行了分组回归检验，考虑 CEO 任职周期与公司股价崩盘风险“U”型关系拐点的分组检验，如表 4-10 所示。一方面，以 $NCSKEW_{i,t+1}$ 为被解释变量对样本进行分组回归，在 $Tenure_{i,t} < Tenure_1^*$ 样本组中，$Tenure_{i,t}$ 系数为 -0.024 且在 1% 的水平上显著，而在 $Tenure_{i,t} \geq Tenure_1^*$ 样本组中，$Tenure_{i,t}$ 系数为 0.009 且在 10% 的水平上显著；另一方面，以 $NCSKEW_{i,t+1}$ 为被解释变量对样本进行分组回归，在 $Tenure_{i,t} < Tenure_2^*$ 样本组中，$Tenure_{i,t}$ 系数为 -0.032 且在 1% 的水平上显著，而在 $Tenure_{i,t} \geq Tenure_2^*$ 样本组中，$Tenure_{i,t}$ 系数为 0.011 且在 5% 的水平上显著。该结果再次表明，股价崩盘风险在 CEO 任职前期会逐渐降低，在 CEO 任职后期则会再度上升，存在某一崩盘风险极低的 CEO 任职周期区域，这一区域大致处于 CEO 任职周期的 5.628 ~5.774 年之间。

表 4-10　考虑 CEO 任职周期与公司股价崩盘风险“U”型关系拐点的分组检验

变量	$NCSKEW_{i,t+1}$		$DUVOL_{i,t+1}$	
	$Tenure_{i,t} < Tenure_1^*$	$Tenure_{i,t} \geq Tenure_1^*$	$Tenure_{i,t} < Tenure_2^*$	$Tenure_{i,t} \geq Tenure_2^*$
$Tenure_{i,t}$	-0.024*** (-3.546)	0.009* (1.785)	-0.032*** (-5.175)	0.011** (2.036)
控制变量	控制	控制	控制	控制
Ind/Year	控制	控制	控制	控制
观测值数	10331	1798	10400	1729
Adj - R^2	0.043	0.045	0.118	0.093

注：括号内是对标准误进行异方差稳健处理及公司层面群聚调整后的 t 值，***、**、*分别表示在 1%、5% 和 10% 的水平上显著。

资料来源：笔者根据相关样本数据进行分组后运用 Stata 14.0 软件对式（4-11）的回归分析而得。

（二）中介效应的稳健性检验

目前，中介效应检验的文献较多针对线性关系而较少针对非线性关系，且这些文献的方法大都受到了学界质疑。事实上，除了前述爱德华兹和兰伯特（Edwards and Lambert，2007）的方法外，海耶斯和普瑞迟（Hayes and Preacher，2010）提出的检验非线性中介效应的方法也较科学。该方法用于检验在 X→M→Y 中，解释变量 X 对中介变量 M 或（且）中介变量 M 对被解释变量 Y 之间存在非线性影响时，X 通过 M 对 Y 产生的瞬间间接效应。其既弥补了既有研究分组检验的任意性，又突破了对线性中介效应检验的局限性。利用该方法，先用式（4－17）、式（4－18）检验 X 对 M 的效应，其中，用式（4－17）检验两者之间的线性关系，利用式（4－18）检验二者之间的“U”型关系或倒“U”型非线性关系；用式（4－19）检验 X 对 Y 以及 M 对 Y 的效应，并引入 M 的一次项和二次项检验 M 与 Y 的“U”型关系或倒“U”型关系。

$$M = i_1 + \alpha X + \sum_{j=1}^{k} d_j Controls_j \tag{4-17}$$

$$M = i_1 + \alpha_1 X + \alpha_2 X^2 + \sum_{j=1}^{k} d_j Controls_j \tag{4-18}$$

$$Y = i_2 + \beta_1 M + \beta_2 M^2 + f(X) + \sum_{j=1}^{k} g_j Controls_j \tag{4-19}$$

X 通过 M 对 Y 产生的间接效应记为 θ，表示 M 对 X 的偏导数与 Y 对 M 的偏导数的乘积，见式（4－20）。

$$\theta = (\partial M/\partial X) \cdot (\partial Y/\partial M) \tag{4-20}$$

将 X 代入间接效应公式计算的 θ_x，被称为 X 通过 M 对 Y 产生的瞬间间接效应。近年来，在心理学、组织行为学、消费行为学等领域的文献中，大多已采用海耶斯和普瑞迟（Hayes and Preacher，2010）的 SPSS 宏（称为 MEDCURVE）进行中介效应分析，并执行 Bootstrap 以获取置信区间，检验 X 通过 M 对 Y 产生瞬间间接效应的显著性。在执行 Bootstrap 时，需要对置信区间选择 α 置信度，如果置信区间不包含 0，那么，估计的参数被认为在符合置信区间的 α 水平上显著异于 0，说明瞬间间接效应在 α 水平上是显著的。

本章选择的置信度为 5%。CEO 任职周期通过中介变量对股价崩盘风险产生的瞬间间接效应，见表4－11。在控制中介变量后CEO任职周期对股价崩盘风险的直接影响，见表4－12。从表4－11中可以看到，如果以负收益偏态系数（NCSKEW）作为股价崩盘风险的衡量指标，盈余管理（Da）瞬间间接效应的置信区间为（LLCI＝0.0000，ULCI＝0.0004），包含0，中介效应（0.0001）不显著；会计稳健性（C－score）瞬间间接效应的置信区间为（LLCI＝0.0004，ULCI＝0.0010），不包含0，中介效应（0.0007）显著；非效率投资（Ineff）瞬间间接效应的置信区间为（LLCI＝0.0001，ULCI＝0.0006），不包含0，中介效应（0.0002）显著。如果以收益上下波动比率（DUVOL）作为股价崩盘风险衡量指标，盈余管理（Da）瞬间间接效应的置信区间为（LLCI＝－0.0001，ULCI＝0.0001），包含0，中介效应（0.0000）不显著；会计稳健性（C－score）瞬间间接效应的置信区间为（LLCI＝0.0001，ULCI＝0.0011），不包含0，中介效应（0.0006）显著；非效率投资（Ineff）瞬间间接效应的置信区间为（LLCI＝0.0001，ULCI＝0.0004），不包含0，中介效应（0.0002）显著。当同时检验盈余管理、会计稳健性与非效率投资三个中介变量的中介作用时，其对CEO任职周期与负收益偏态系数（NCSKEW）关系的中介效应为0.0009，置信区间为（0.0005，0.0014），不包含0，瞬间间接效应显著；其对CEO任职周期与收益上下波动比率（DUVOL）关系的中介作用为0.0007，置信区间为（0.0001，0.0011），也不包含0，瞬间间接效应也显著。此外，本章还选择了10%的置信度进行检验，其结果与5%的置信度吻合，在此不再单列检验结果。综上所述，无论以哪种指标衡量股价崩盘风险，会计稳健性、非效率投资均能在CEO任职周期与股价崩盘风险“U”型关系中发挥显著的瞬间间接效应，但盈余管理在两者“U”型关系中并不存在显著的中介作用。这与前文采用爱德华兹和兰伯特（Edwards and Lambert，2007）方法得到的结论相同，相关研究结论是稳健的。

表 4 – 11　　CEO 任职周期通过中介变量对股价崩盘风险产生的瞬间间接效应

路径	Effect	SE	LLCI	ULCI
Total：Tenure→M→NCSKEW	0.0009	0.0003	0.0005	0.0014
Tenure→Da→NCSKEW	0.0001	0.0001	0.0000	0.0004
Tenure→C – score→NCSKEW	0.0007	0.0002	0.0004	0.0010
Tenure→Ineff→NCSKEW	0.0002	0.0002	0.0001	0.0006
Total：Tenure→M→DUVOL	0.0007	0.0003	0.0001	0.0011
Tenure→Da→DUVOL	0.0000	0.0001	–0.0001	0.0001
Tenure→C – score→DUVOL	0.0006	0.0003	0.0001	0.0011
Tenure→Ineff→DUVOL	0.0002	0.0002	0.0001	0.0004

资料来源：笔者根据相关样本数据运用 SPSS 22.0 软件对本章的中介变量瞬间间接效应检验而得。

从表 4 – 12 可以看到，当用负收益偏态系数（NCSKEW）衡量股价崩盘风险时，在控制了盈余管理、会计稳健性、非效率投资以及这三者同时进行控制时，区间分别是（LLCI = 0.0010，ULCI = 0.0121）（LLCI = 0.0004，ULCI = 0.0115）（LLCI = 0.0009，ULCI = 0.0119）以及（LLCI = 0.0002，ULCI = 0.0112），均不包含 0，说明 CEO 任职周期对股价崩盘风险的影响仍然是显著的。当用收益上下波动比率（DUVOL）衡量股价崩盘风险时，在控制了盈余管理、会计稳健性、非效率投资以及三者同时进行控制时，区间分别是（LLCI = 0.0435，ULCI = 0.0515）（LLCI = 0.0429，ULCI = 0.0509）（LLCI = 0.0434，ULCI = 0.0514）以及（LLCI = 0.0428，ULCI = 0.0508），均不包含 0，同样说明 CEO 任职周期对股价崩盘风险的影响仍然是显著的。这说明，盈余管理、会计稳健性、非效率投资及三者的集合均不是唯一的中介变量，CEO 任职周期与股价崩盘风险的“U”型关系尚存在其他传导路径。

表 4-12　在控制中介变量后 CEO 任职周期对股价崩盘风险的直接影响

路径	Effect	SE	t	p	LLCI	ULCI
Total：Tenure→M→NCSKEW	0.0057	0.0028	2.0172	0.0437	0.0002	0.0112
Tenure→Da→NCSKEW	0.0066	0.0028	2.3280	0.0199	0.0010	0.0121
Tenure→C-score→NCSKEW	0.0059	0.0028	2.1056	0.0353	0.0004	0.0115
Tenure→Ineff→NCSKEW	0.0064	0.0028	2.2724	0.0231	0.0009	0.0119
Total：Tenure→M→DUVOL	0.0468	0.0020	22.9696	0.0000	0.0428	0.0508
Tenure→Da→DUVOL	0.0475	0.0020	23.3045	0.0000	0.0435	0.0515
Tenure→C-score→DUVOL	0.0469	0.0020	22.9980	0.0000	0.0429	0.0509
Tenure→Ineff→DUVOL	0.0474	0.0020	23.2684	0.0000	0.0434	0.0514

资料来源：笔者根据相关样本数据，在控制中介变量后，运用 SPSS 22.0 软件对 CEO 任职周期直接影响股价崩盘风险的检验而得。

（三）内部控制调节效应的稳健性检验

为了更清晰、更稳健地揭示内部控制效率对 CEO 任职周期与股价崩盘风险之间“U”型关系的调节作用，本章根据奥肯和外斯特（Alken and West，1991）与基科恩、皮科恩和外斯特（Cohen，Cohen and West，2003）的研究，绘制了如图 4-1 和图 4-2 所示的调节效应图。内部控制效率在 CEO 任职周期与股价崩盘风险间“U”型关系的调节效应，见图 4-1。内部控制效率在 CEO 任职周期与上下波动比率间“U”型关系的调节效应，见图 4-2。图 4-1 和图 4-2 分别展示了高效率的内部控制和低效率的内部控制与 CEO 任职周期交互效应分别对负收益偏态系数以及收益上下波动比率造成的差异。

总体而言，股价崩盘风险无论是用负收益偏态系数还是用收益上下波动比率衡量，在高效率内部控制下，都比在低效率内部控制下所绘制的 CEO 任职周期与股价崩盘风险之间的“U”型曲线关系更平坦，且在高效的内部控制下，股价崩盘风险水平更低，因此，进一步验证高效率的内部控制能有效地调节 CEO 任职周期与股价崩盘风险之间的“U”型关系，且内部控制效率越高，股价暴跌可能性越小。再次验证了假设4－3，说明该结论是稳健的。

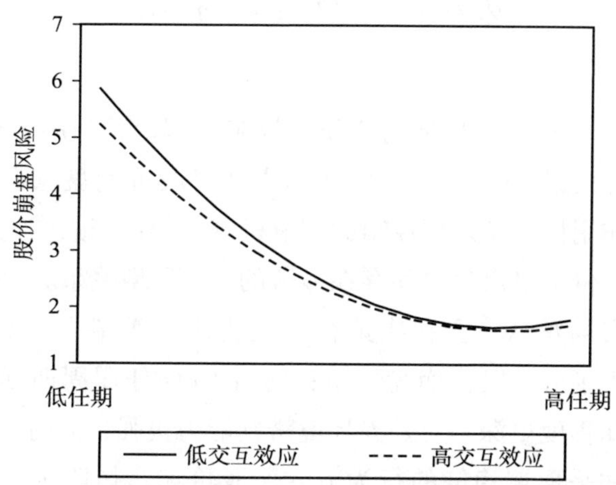

图4－1　内部控制效率在CEO任职周期与股价崩盘风险间“U”型关系的调节效应

资料来源：笔者根据相关样本数据运用Excel 2013软件，取得内部控制效率在CEO任职周期与股价崩盘风险间关系的调节效应结果后绘制而得。

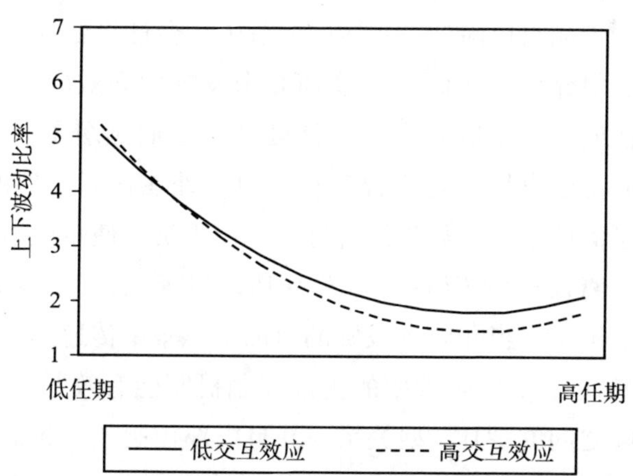

图4－2　内部控制效率在CEO任职周期与上下波动比率间“U”型关系的调节效应

资料来源：笔者根据相关样本数据运用Excel 2013软件，取得内部控制效率在CEO任职周期与上下波动比率间关系的调节效应结果后绘制而得。

第六节 研究结论与启示

本章基于CEO任职周期的“季节效应”理论，利用2008～2015年A股上市公司数据，研究了CEO任职周期对股价崩盘风险的影响并分析了其中介作用机制及内部控制的调节机制，得出三点结论。(1) CEO任职周期与股价崩盘风险之间存在显著的“U”型关系。CEO在任职初期为了获得市场承认，会在决策行为上力求“速胜”，其行为更偏激进，从而加大了公司股价崩盘风险；随着CEO任职周期延续，CEO对企业资源认知程度更深、对外界环境辨别能力更强，同时，为了自身未来收益，往往采取偏稳健的行为方式，股价崩盘风险随之降低；但当CEO进入离任期，为了获得暂时性货币收入等离任报酬，CEO可能会不顾公司长期利益而做出不当决策，股价崩盘风险会再度上升。在CEO的某一阶段，股价崩盘风险会降至最低。同时，CEO较差的职业经验、较低的业界声誉、内部升任等特征则会强化该“U”型曲线。(2) 在CEO任期与股价崩盘风险的“U”型关系中，会计稳健性和非效率投资发挥了显著的中介效应，而盈余管理并未发挥中介效应。在CEO的任职初期与离任期，因采取激进的会计处理方法而延缓了“坏消息”的释放速度，股价崩盘风险随之提升；同时，处在任职初期的CEO容易急功近利，以牺牲股东利益为代价进行过度投资，使企业承担并累积大量风险，处在离任期的CEO“不求有功，但求无过”，会缩小投资规模、造成投资不足，当非效率投资的负面信息集中传递到证券市场，则易出现股价暴跌。(3) 高效率的内部控制机制能有效弱化CEO任期与股价崩盘风险之间的“U”型关系，并且内部控制效率越高，股价崩盘风险越低。在任职初期与离任期，CEO虽然会为了保住职位或维持薪酬而利用多种方式掩盖“坏消息”，但是，高效率的内部控制能够有效地释放风险性信息，使投资者能够更及时地了解企业的真实经营状况，抑制负面信息累积，从而有效地降低股价崩盘风险。

本章研究的启示包括三个方面。（1）在 CEO 的任职周期内，随着任职周期延续，逐渐丰富的社会资源、逐渐娴熟的业务技能、逐渐完善的知识结构及逐渐建立起的职业声誉会促使 CEO 采取更稳健的会计处理方法，并不断提高投资效率，进而降低股价崩盘风险，因此，上市公司应保证 CEO 一定的任职年限，通过实施股权激励计划使其能将个人的未来收益与企业长远利益紧密结合，以抑制 CEO 的短视问题并减少机会主义行为。但考虑到过长任期容易让 CEO 故步自封，导致投资不足，且即将离任的 CEO 又会为短期货币收入采取短视行为、股价崩盘风险随之陡然上升，因此，保证 CEO 合理的任职周期非常重要，应尽量避免频繁更换 CEO 及 CEO 任期过长的现象。（2）CEO 任职周期的股价崩盘效应主要通过较低的会计稳健性以及非效率投资途径实现，因此，董事会、监事会及审计委员会应当对新任 CEO 的投资决策以及提供的财务报告给予高度关注，董事会还应给新任 CEO 足够的考察时间，使其能够高质量地提高经营绩效而非表面成绩；而对于即将离任的 CEO，应尽量给予其足够的离职补偿，并对其加强管理和监督，避免其短视行为对企业长远利益造成伤害。（3）内部控制效率能够有效地缓解 CEO 任职周期“季节效应”带来的股价崩盘风险，说明中国企业的内部控制制度在一定程度上减轻了企业风险承担并加快了负面信息的有效、及时传递，客观上保护了股东利益，稳定了证券市场秩序。政府监管部门应当在客观评价内部控制实施效果的基础上，通过不断完善相关法规体系，推动上市公司内控制度的建立以及内部控制信息的披露，从而提高其内部控制效率，保证资本市场的有序发展，更好地保护投资者。

第五章

企业集团决策权配置、内部控制与公司股价崩盘*

第一节　概　　述

公司股价崩盘会严重损害投资者利益、打击投资者信心、降低资本资源配置效率，对实体经济构成巨大威胁。在中国证券市场逐步走向成熟的进程中，这一问题表现得尤为突出。因此，监管部门和理论界高度关注，并围绕股价崩盘风险成因及治理机制开展了一系列研究，相关成果丰富。近年来，研究者们从信息披露质量（Hutton，Marcus and Tehranian，2009；Francis，Iftekhar and Li，2011；李增泉、叶青和贺卉，2011；周波、张程和曾庆生，2019）、影响信息披露的内外部治理机制（Kim，Li and Zhang，2011b；许年行、于上尧和伊志宏，2013；姜付秀、蔡欣妮和朱冰，2018）等方面做出了有力解释。然而，鲜有文献从企业组织形式出发，剖析企业集团母子公司间决策权配置对股价崩盘风险的潜在影响并考察内部控制在其中可能发挥的约束作用。本章将围绕这些问题开展相应研究。

---

* 本章作者为郝东洋、华东师范大学硕士生朱珺和上海交通大学教授张天西。

事实上，决策权配置事关企业集团的组织效率与平稳运营。在多法人集团化组织形式日益成为中国企业寻求扩张过程中重要选择的背景下（本书统计，截至 2017 年底，A 股 3467 家上市公司中有 3286 家拥有至少 1 个子公司，平均子公司数量为 21.98 个），如何在企业各层级、各单元之间进行合理的决策权配置，是一个需要在效率与风险间做出审慎权衡的重要问题（S. Baiman，D. Larcker and M. Rajan，1995；M. Harris and A. Raviv，1998；刘慧龙、王成方和吴联生，2014；杨阳、王凤彬和孙春艳，2015；潘怡麟、朱凯和陈信元，2018）。从企业实践看，现阶段中国大型企业集团虽已意识到决策权配置的重要性与复杂性，并竭力根据管控架构、母子公司间治理能力差距等因素对各项决策权做出权变性安排，但其提高组织运转效率、降低运营风险的初衷却往往并未达到，不当决策权配置仍然对部分企业集团的会计信息质量、投资效率产生负面影响（张会丽和陆正飞，2012a，2012b），进而加剧其整体风险并在证券市场上有所体现。

针对上述问题，本章利用 2008 ~ 2015 年部分 A 股上市公司数据，实证检验了集团决策权配置对股价崩盘风险的影响，同时，分析了其中介作用机制及内部控制对上述影响的调节作用。研究发现：（1）集团经营权配置和财务权配置均显著提高了股价崩盘风险；（2）经营权配置对股价崩盘风险的影响机制体现为信息路径，会计信息透明度、会计稳健性发挥了显著的中介效应，而财务权配置对股价崩盘风险的影响机制体现为投资路径，过度投资发挥了显著的中介效应；（3）高效率内部控制缓解了决策权配置对股价崩盘风险的影响，且该缓解作用在国有产权公司中更强。

本章可能的贡献包括：首先，从企业组织形式视角出发，提供了集团经营决策权配置影响股价崩盘风险的经验证据，进而发现了股价崩盘风险的新影响因素，丰富了该领域的研究成果；其次，将集团组织形式安排带来的经济后果延伸至证券市场，检验了决策权配置通过特定路径对股价波动带来的影响，证实了决策权配置的股价崩盘效应，拓展了企业组织理论的研究内容；最后，提供了高效率内部控制缓解集团决策权配置导致的股价崩盘风险的实证证据，有助于监管机构客观评价中国上市公司内部控制规范的实施效果。

第二节　文献回顾与假设提出

一、文献回顾

（一）集团决策权配置的影响因素、可供配置的决策权内容和决策权配置经济后果

（1）集团决策权配置的影响因素。集团决策权配置的重点是其在母子公司之间的纵向分配。F. A. 哈耶克（F. A. Hayek，1945）指出，因为专门知识的转移成本较大，所以，决策权配置要考虑专有知识在组织内的分布情况，M. C. 詹森和 W. H. 麦克林（M. C. Jensen and W. H. Meckling，1992）进一步研究认为，决策权配置应当在信息成本和代理成本之间作出权衡，努力使二者之和最小化。当低层级子公司拥有较多专业知识时，信息成本占优，应倾向于分权管理；反之，代理成本占优，应倾向于集权管理。

（2）集团决策权可供配置的内容。在多单位、多层级的企业集团中，可供配置的决策权大致包括战略、投资、人事、财务及预算、经营决策权等方面。在不同管控架构下，各项决策权的集中程度或分散程度会表现出差异（杨阳、王凤彬和孙春艳，2015），在实践中，作为“小权”的经营权往往倾向于分散配置，作为“大权”的战略权和投资权往往倾向于集中配置，具有“中权”特征的财务权、预算权和人事权介于两者之间，表现为酌定性配置。

（3）决策权配置的经济后果。针对集团各项决策权配置带来的经济后果，在研究方法与数据获取限制下，相关实证研究较为有限，主要

集中在财务权配置、经营权配置等方面。其中，在财务权配置方面，相关研究发现，过度集中或过度分散的财务资源均会降低集团经营绩效（张会丽和吴有红，2011），同时，过度分散的现金资源和负债还会导致过度投资（张会丽和陆正飞，2012a；何捷、张会丽和陆正飞，2017）；在经营权配置方面，相关研究发现，集团经营权分散会导致盈余管理程度提升、盈余反应系数下降，母公司控制权提高有利于降低该效应（张会丽和陆正飞；2012b）。

（二）股价崩盘风险的影响因素、作用机制与内部控制的治理角色

既有研究围绕股价崩盘风险影响因素开展了大量研究。其中，坏消息隐藏假说（Jin and Myers，2006）很好地描述了管理者隐藏坏消息导致负面信息瀑布、进一步引发股价暴跌的过程，成为近年来的主流研究范式。在其基础上，研究者从信息披露质量（Hutton，Marcus and Tehranian，2009；Francis，Iftekhar and Li，2011；李增泉、叶青和贺卉，2011；周波、张程和曾庆生，2019）、内外部治理机制（Kim，Li and Zhang，2011b；许年行、于上尧和伊志宏，2013；J. D. Piotroski，T. J. Wong and T. Zhang，2015；王化成、曹丰和叶康涛，2015；梁权熙和曾海舰，2016；姜付秀、蔡欣妮和朱冰，2018）等多方面进行分析，也有部分研究者从企业社会责任（权小锋、吴世农和尹洪英，2015）、过度投资（江轩宇和许年行，2015）等企业行为角度，分析股价崩盘成因。在诸多因素对股价崩盘风险的作用机制方面，研究者主要从信息披露质量和代理问题两个环节进行分析，其逻辑在于，引发股价崩盘的坏消息隐藏程度，一方面，会受到公司信息生成及披露方式的影响；另一方面，也会受到管理者自利动机的影响，目前来看，包括信息透明度、会计稳健性在内的信息披露质量和过度投资等都是反复被证实的重要作用路径（Hutton，Marcus and Tehranian，2009；Kim，Li and Zhang，2011b）。与此同时，在近年来内部控制机制的风险治理功能备受关注的背景下，研究者审视了内部控制在股价崩盘风险生成过程中发挥的抑制作用。内部控制能够提高信息透明度、抑制管理者机会主义（方红星和

金玉娜，2011；刘启亮、罗乐、张雅曼和陈汉文，2013），而这与股价崩盘风险的形成作用机制又相契合，因此，研究者以其为基础证实了内部控制对股价崩盘风险的缓解作用（黄政和吴国萍，2017）。

综上所述，决策权在母子公司之间进行配置时，应充分考虑被配置单位对专有知识的占有程度、尽可能提高资源管理效率，同时，应考虑被配置单位管理者机会主义行为带来的利益损害，找到最优决策权配置形式。需要注意的是，既有研究对最优决策权配置的判断依据主要是价值标准而非风险标准。在价值标准下，当某项决策权向占据专有知识的一方进行更多配置时，只要效率提升的收益能抵消风险加大的损失，该配置倾向就是有益的。然而，仅从价值标准探讨决策权配置经济后果是不够的，这既不利于对决策权配置规律性的深入认识，也不利于管理者在配置过程中更好地权衡效率增进的收益和风险提升的损失，最终无益于最优决策权的配置。因此，针对不同类型决策权，研究其配置过程的风险变化情况，是值得探讨的研究方向，而股价崩盘风险作为企业集团风险在证券市场的集中反映，则为此提供了较好的研究切入点。

二、假设提出

因为战略和投资权在实践中往往集中配置于母公司，具有较低权变性（杨阳、王凤彬和孙春艳，2015），所以，本章选择属于“小权”的经营权及“中权”中最核心的财务权为对象，分别考察它们的配置形式对股价崩盘风险的影响，并分析相应的作用机制。

（一）经营权配置对股价崩盘风险的影响及作用机制

首先，在分析经营权配置对股价崩盘风险的影响之前，应厘清分散配置的经营权给集团代理问题带来的影响及现实中这一影响的表现形式。

作为“小权”的子公司经营权，涉及的往往是日常业务中的大量细小决策事项。因大量剩余控制权的存在，母公司也倾向于通过授权将其分散配置于具有专门知识的下属子公司。在实践中，母子公司在签订授权委托的基础上，形成了委托代理关系，企业集团代理关系相较于单体企业更复杂，进而带来了更多代理成本，集团运营也因此遭受了多重效率损失。需要注意的是，虽然在特定企业集团中，母公司大都将子公司经营权分散配置，从而令赋权表现出较低变动性，引起的代理问题也相对稳定，但母公司扩张战略和集团组织架构的差异却可能影响该类代理成本在集团多重代理成本总量中的比重。具体而言，对热衷于通过开设、并购子公司实现业务扩张的企业集团而言，其组织架构显示出强子公司、弱母公司状态（营业收入主要由子公司完成），大量经营权通过授权分散配置于子公司，因此，母子公司之间代理成本在集团多重代理成本中比重更高；相反，对强母公司、弱子公司状态的企业集团而言（营业收入主要由母公司完成），经营权更加集中，该代理成本比重更低。可见，集团组织架构决定了经营权向子公司的配置比重，进而决定了母子公司代理问题强弱。在母子公司代理问题严重的情况下，子公司管理者通过运用自身权力、借助集团化的复杂经营环境，使得信息捂盘、不断积累负面信息成为可能。

其次，集团化运营模式在客观上阻碍了负面信息的有效释放、延缓了外部投资者充分解读负面信息的过程，这将提高企业集团负面信息累积的程度，使经营权分散配置情形下管理者隐藏负面信息的效应更加凸显。

具体而言，当选择强子公司、弱母公司的经营架构时，子公司承担更大比重的经营性活动，经营权配置更分散，母子公司之间的代理问题更严重。这将诱发子公司管理者强烈的自利动机：一方面，多层次契约设计使子公司管理者为集团股东努力工作的激励目标难以实现，子公司会选择大量风险收益比不高的经营业务；另一方面，子公司管理者为了短期个人利益，会向母公司报喜不报忧、隐藏负面信息、操控子公司报表，最终形成透明度更差的集团合并报表。而在母子公司地理空间分散化、对子公司管理者的监督机制难以有效实施的情况下，子公司管理者的负面信息捂盘行为很难受到制约，因此，集团整体的负面信息也很难有效释放。与此同时，集团化运营的复杂性提高了信息解读难度，若无充足精力和丰富的专业知识，一般投资人很难迅速、充分地解读释放出来的坏消息，这也导致企业集团股价无法及时、有效地反映负面信息，进而提高了负面信息的累积程度。一旦负面信息集中释放，会引发股价崩盘，经营权分散配置的信息瀑布效应由此集中显现。

最后，从作用机制来看，集团经营权分散配置对股价崩盘风险的影响将更多地通过信息路径体现。

既有文献在考察股价崩盘风险影响因素时，也检验了相应的影响路径，这些路径包括信息路径、投资路径、税收路径等（权小锋、吴世农和尹洪英，2015）。本书认为，就经营权分散配置对股价崩盘风险的影响机制而言，影响路径主要是信息路径。具体而言，起因于经营权分散配置的子公司管理者机会主义促使他们的行为更加短视化。在选择风险收益比较低的经营业务之后，他们会利用子公司拥有的独立会计核算体系，粉饰和拔高经营业绩、尽力掩盖不断出现的负面信息，从而使上报的子公司报表呈现较低的信息透明度和会计稳健性；为了满足多层次的考核要求、获取更多的激励回报，子公司管理者也会想方设法操控会计盈余，提升子公司报表的盈余管理程度；事实上，复杂的经营业务、分散的地理分布，也非常便于子公司管理者将上述操纵行为低成本地顺利进行。综上所述，经营权分散配置带来更多低质量子公司财务信息，集团合并报表也会相应地呈现出更低的会计信息透明度、更低的会计稳健性和更高的盈余管理程度，从而导致集团整体负面信息更严重地累积、股价崩盘风险加大，经营权分散配置影响崩盘风险的信息路径由此形成。

基于以上分析，提出如下假设：

假设5-1：集团经营权分散配置加大了股价崩盘风险；

假设5-2：集团经营权分散配置通过信息路径影响了股价崩盘风险；

假设5-2a：集团经营权分散配置通过降低会计信息透明度加大了股价崩盘风险；

假设5-2b：集团经营权分散配置通过提高盈余管理程度加大了股

价崩盘风险；

假设5－2c：集团经营权分散配置通过降低会计稳健性加大了股价崩盘风险。

（二）财务权配置对股价崩盘风险的影响及作用机制

作为集团“中权”的财务权通常表现为酌定性配置方式。在现实中，是否对子公司实施财务和资金集中管理，母公司拥有较大自由度。而究竟是采用财务分权还是财务集权，则可能在一定程度上对集团负面信息的累积和释放产生较大的影响。本章认为，财务分权（财务集权）会加大（降低）企业集团的股价崩盘风险。

具体而言，在财务集权下，集团财务活动的主要工作汇集于母公司，并呈现出会计核算一体化、资金资源和对外债务集中管理等诸多特征，其目的在于强化对子公司的财务监督并降低舞弊和经营风险、盘活内部资金并提升信用水平、加强管控并实现资源共享，代价则是较高的管控成本及子公司主动管理意愿下降。与之相反，财务分权则倾向于向子公司配置更多资金资源和债务融资权力，旨在调动子公司财务管理积极性。应注意的是，当集团向下属子公司分散配置财务决策权时，虽然一方面，有利于充分调动子公司管理者的积极性、有利于发挥他们拥有的专业知识；另一方面，却极易令他们疏于管控和监督，从而引发代理问题、产生各类风险。例如，当子公司管理者好大喜功、力图通过项目投资实现经营绩效的大幅提升时，财务分权为其提供了便利。在该情境下，冲动的子公司管理者能轻易动用分散配置于子公司的现金资源，或使用下放给子公司的融资权力迅速筹措资金，为可能偏离集团整体目标的投资项目提供充足的资金支持，形成过度投资项目。之后，为防止净现值为负的投资项目被外界识别而遭受抵制，子公司管理者会选择信息捂盘，刻意隐藏与投资项目有关的各项不利信息，以实现预期收益（江轩宇和许年行，2015），其结果是负面信息不断累积，直至产生信息瀑布，带来更大的股价崩盘风险。

同时，从上述分析不难看出，财务分权诱发的机会主义冲动，其主要中介机制表现为过度投资。而事实上，在子公司管理者缺乏有效制约机制的环境下，利用母公司授予的财务资源和融资自主权从事有助于自身利益却偏离集团价值目标的投资项目、造成集团整体上的过度投资，符合自由现金流假说的基本原理；而子公司管理者对与过度投资项目相关的负面信息选择捂盘，导致集团整体负面信息累积程度及股价崩盘风险的提升，也在理论上符合过度投资导致的股价崩盘风险形成机理。

基于以上分析，提出如下假设：

假设 5 –3：集团财务分权会提高股价崩盘风险；

假设 5 –4：集团财务分权通过投资路径影响股价崩盘风险；

假设 5 –4a：集团财务分权通过提高过度投资程度而提高股价崩盘风险。

（三）内部控制对决策权配置与股价崩盘风险关系的治理作用

虽然集团经营权和财务权分散配置可能在一定程度上提高股价崩盘风险，但这种影响将主要在子公司管理者行为缺少监控、企业集团对风险性信息的披露制度不够完善的情况下发挥效应，而在较好的内部控制环境下，该风险将显著降低。

一方面，高效率的内部控制会对经营权分散配置的股价崩盘风险起到治理作用。首先，假如企业集团建立起高效的内控机制，将能够通过完备的风险评估体系及时发现和预知风险，针对经营业务的潜在风险确定应对策略，这在事实上形成了有效的事前防范机制，从而在源头上对子公司管理者利用经营自主权从事冒险的、风险收益不配比的经营活动起到约束作用。其次，在企业集团建立起高效的内部控制体系之后，一系列的风险控制活动还可以对子公司管理者的机会主义行为进行严格的实时监控，诸如职责分离、授权审批等制度规则都将在子公司管理者的经营过程中起到约束与控制作用，从而避免经营风险的扩大与失控、减少负面信息产生。最后，高效率内部控制下信息沟通与内部监督功能的实现，也将迫使子公司管理者及时、准确地收集经营活动中的风险信息并将其适时对外传递，即便子公司管理者选择负面信息捂盘，对内部控制缺陷的定期检查监督与不定期检查监督也会及时发现隐藏的负面信息，避免其不断累积。由此可见，高效率的内部控制缓解了经营权分散配置导致的风险累积及负面信息披露不通畅问题，使信息瀑布发生概率降低，股价崩盘风险也随之降低。

另一方面，高效率的内部控制将对财务权分散配置的股价崩盘风险效应起到治理作用。首先，针对子公司管理者动用分散配置的资金资源和融资自主权进行自利性、不合时宜的投资行为，高效率的内部控制体系将有望借助对资金使用、融资举债等财务活动的授权审批和合规性审核等手段对其实现有效约束。这将在较大程度上缓解子公司过度投资问题，从而避免产生相应的负面信息。其次，高效率的内部控制体系的信息与沟通、内部监督等活动同样能在子公司管理者利用财务自主权进行过度投资的过程中发挥事后信息疏导作用，同样能促使子公司管理者将投资过程中的负面信息及时对外传递，减少相应的信息捂盘和负面信息累积问题，负面信息瀑布发生的概率及股价崩盘风险也会下降。

基于以上分析，提出如下假设：

假设 5－5：在较好的内部控制环境下，决策权配置的股价崩盘风险效应将得到减弱；

假设 5－5a：在较好的内部控制环境下，经营权分散配置的股价崩盘风险效应将得到减弱；

假设 5－5b：在较好的内部控制环境下，财务权分散配置的股价崩盘风险效应将得到减弱。

第三节　研究设计

一、样本选择与数据来源

本章选取 2008 ~2015 年中国 A 股非金融类集团型上市公司为样本，

并做几项筛选：（1）剔除了 ST、*ST 类上市公司样本；（2）剔除了净资产为负的上市公司样本；（3）考虑到股价崩盘风险需要根据特定周收益率确定，同时，该特定周收益率需要通过指数模型回归后的残差加工处理取得，为确保模型回归结果的可靠性，上市公司参与模型回归的周收益率数据应不少于 30 个，因此，剔除年度周收益率数据小于 30 的上市公司样本；（4）剔除数据缺失的上市公司样本。最后，得到观测值 8239 个。本章使用的财务数据及股票交易数据均来自 CSMAR 数据库。内部控制数据源于迪博内部控制与风险管理数据库。为避免极端值影响，还对各连续变量进行了 1% 水平上的 Winsorize 处理。

二、变量定义与模型设定

（一）被解释变量

借鉴哈顿、马科斯和特兰尼安（Hutton，Marcus and Tehranian，2009）的方法，对股价崩盘风险（Crashrisk）计算过程如下。

第一步，计算企业集团 i 在第 t 周股票特有收益 $W_{i,t} = \ln(1 + \varepsilon_{i,t})$。其中，$\varepsilon_{i,t}$是式（5－1）回归残差。

$$R = \beta_0 + \beta_1 R_{m,t-2} + \beta_2 R_{m,t-1} + \beta_3 R_{m,t} + \beta_4 R_{m,t+1} + \beta_5 R_{m,t+2} + \varepsilon_{i,t} \tag{5-1}$$

在式（5－1）中，$R_{i,t}$表示股票 i 第 t 周考虑现金红利再投资的收益率，$R_{m,t}$表示 A 股市场所有股票在第 t 周经流通市值加权的平均收益率。

第二步，根据得到的 $W_{i,t}$，构造如下两个衡量股价崩盘风险的变量：

其一，负收益偏态系数（NCSKEW）：

$$NCSKEW_{i,t} = \frac{-[n(n-1)^{3/2} \sum W_{i,t}^3]}{[(n-1)(n-2)(\sum W_{i,t}^2)^{3/2}]} \tag{5-2}$$

在式（5－2）中，n 表示股票 i 在第 t 年内交易的周数。

其二，收益上下波动比率（DUVOL）：

$$DUVOL_{i,t} = \log \frac{[(n_{up} - 1)\sum_{Down} W_{i,t}^2]}{[(n_{down} - 1)\sum_{Up} W_{i,t}^2]} \quad (5-3)$$

在式（5-3）中，n_{up}与n_{down}分别表示集团 i 的股票周特有收益率$W_{i,t}$大于或小于其年平均收益率 W_i 的周数。NCSKEW 越大，股票收益率偏态系数为负程度越高，股价崩盘风险越大；DUVOL 越大，股票收益率分布越左偏，股价崩盘风险也越大。

（二）解释变量：决策权集权程度

1. **经营权集权程度**（Cen1）

集团经营业务的分布情况集中体现在母子公司间营业收入的相对权重上，因此，有研究使用子公司经营业务占集团业务比重衡量子公司相对业务规模（张会丽和陆正飞，2012b）。参考相关做法，构建指标反映经营权集权程度：Cen1 = 1/2 ×[(母公司报表营业总收入/合并报表营业总收入) +(母公司税费支出/合并报表税费支出)]。该指标数值越大，表示集团经营权集权程度越高。

2. **财务权集权程度**（Cen2）

集团财务权集权式管理通常体现在货币资金集中管理、有息债务集中筹措等方面。其集中管理的程度取决于母公司是否愿意将有限货币资源配置于子公司、是否愿意将对外融资权力赋予子公司。基于此，本章从货币资金集中管理和有息债务集中管理两方面来衡量财务权集权程度。具体而言，分设货币资金集中管理（CashCen）、集中负债（DebtCen）两个虚拟变量指标，并用二者加总值衡量财务权集权程度。

首先，参考张会丽和陆正飞（2012a）的做法，计算货币资金集中管理变量（CashCen）：母公司持现比例 =1 - 子公司持现比例 =1 - [(合并报表现金 - 母公司报表现金)/合并报表现金 -(合并报表经营性现金支出 - 母公司报表经营性现金支出)/合并报表经营性现金支出]。若该比例高于年度行业中位数，则视为货币资金进行了集中管理，取值为 1，否则取值为 0。

其次，参考何捷、张会丽和陆正飞（2017）的做法，计算集中负债变量（DebtCen）：当母公司有息负债大于或等于合并报表有息负债、母公司财务费用大于或等于合并报表财务费用且母公司其他应收款大于合并报表其他应收款时取1，表明子公司未对外进行负债，而是采用集中负债模式，由母公司拆借给子公司，否则取0。其中，有息负债=短期借款+一年内到期的长期借款+长期借款+应付债券。

最后，将货币资金管理集中度（CashCen）与负债集中度（DebtCen）指标相加，得到财务权集权程度（Cen2）。

（三）调节变量及中介变量

1. **内部控制效率**

本章参考陈红、纳超红、雨田木子和韩翔飞（2018）的做法，使用“迪博·中国上市公司内部控制指数”反映集团内部控制效率。该指数借鉴国外相关研究成果，结合中国相关制度与方法，考虑中国上市公司内控体系实施现状，基于企业内部控制五大目标实现程度而设计，同时，在对内部控制基本指数进行修正后构建，能综合地反映上市公司内部控制水平与风险管控能力，具有较高认可度。使用该指数的自然对数值衡量内部控制效率（Intercon）。

2. **过度投资**

使用里查德森（Richardson，2006）模型来估计集团非效率投资水平。

$$\begin{aligned}Invest_{i,t} = {} & \beta_0 + \beta_1 Growth_{i,t} + \beta_2 Size_{i,t} + \beta_3 Lev_{i,t} + \beta_4 Cash_{i,t} \\ & + \beta_5 Age_{i,t} + \beta_6 Ret_{i,t} + \beta_7 Invest_{i,t-1} + \sum Ind \\ & + \sum Year + \varepsilon_{i,t} \end{aligned} \tag{5-4}$$

在式（5-4）中，$Invest_{i,t}$表示集团i在第t年新增投资，通过现金流量表中“购建固定资产、无形资产和其他长期资产所支付现金”项目除以期初总资产度量；$Growth_{i,t-1}$表示集团i在第t-1年的成长性，通过“主营业务收入增长率”度量；$Size_{i,t-1}$表示集团i在第t-1年末总资产自然对数；$Lev_{i,t-1}$ 表示集团 i 在第 t－1 年末资产负债率；$Cash_{i,t-1}$ 表示集团 i 在第 t－1 年末现金及现金等价物余额；$Age_{i,t-1}$ 表示集团 i 在第 t－1 年末上市年龄；$Ret_{i,t-1}$ 表示集团经过市场调整的、按月度计算的股票年度回报率。模型回归得到的残差 $\varepsilon_{i,t}$ 即为过度投资水平。本章参考李万福、林斌、杨德明和孙烨（2010）的做法，当 $\varepsilon_{i,t}>0$ 时，集团过度投资水平为 $\varepsilon_{i,t}$；当 $\varepsilon_{i,t}<0$ 时，集团过度投资水平为 0。

3. **信息透明度**

本章参考周晓苏和吴锡皓（2013）的做法，基于盈余激进度（EA）和盈余平滑度（ES）反向计量会计信息透明度（Tran）。

首先，计算盈余激进度：$ACC_{i,t}=\Delta CA_{i,t}-\Delta CL_{i,t}-\Delta Cash_{i,t}+\Delta STD_{i,t}-DEP_{i,t}+\Delta TP_{i,t}$，$EA_{i,t}=ACC_{i,t}/Asset_{i,t-1}$，其中，$ACC_{i,t}$ 表示应计项目，$\Delta CA_{i,t}$ 表示流动资产变化额，$\Delta CL_{i,t}$ 表示流动负债变化额，$\Delta Cash_{i,t}$ 表示货币资金变化额，$\Delta STD_{i,t}$ 表示一年内到期的长期负债变化额，$DEP_{i,t}$ 表示计提的固定资产折旧和无形资产摊销额，$\Delta DP_{i,t}$ 表示应交税费变化额，$Asset_{i,t-1}$ 表示 t－1 年末总资产。

其次，计算盈余平滑度：$ES_{i,t}=\dfrac{SD(CFO_{i,t-3}/Asset_{i,t-4},\ CFO_{i,t-2}/Asset_{i,t-3},\ CFO_{i,t-1}/Asset_{i,t-2},\ CFO_{i,t}/Asset_{i,t-1})}{SD(NI_{i,t-3}/Asset_{i,t-4},\ NI_{i,t-2}/Asset_{i,t-3},\ NI_{i,t-1}/Asset_{i,t-2},\ NI_{i,t}/Asset_{i,t-1})}$，其中，SD 表示计算括号内标准差的符号，CFO 表示经营活动现金流，NI 表示净利润，Asset 表示期末总资产。

最后，计算会计信息透明度：$Tran_{i,t}=\dfrac{Deciles(EA_{i,t})+Deciles(ES_{i,t})}{2}$，其中，Decile 表示计算括号内的十分位数，Tran 数值分布在［1，10］区间中，取值越大表明会计信息越透明。

4. 盈余管理

基于修正的琼斯（Jones）模型，用可操纵性应计利润绝对值衡量集团盈余管理程度。

先对所有公司的总应计利润进行分年度回归、分行业回归：

$$\frac{TA_{i,t}}{TA_{i,t-1}} = \beta_0 + \beta_1 \frac{1}{TA_{i,t-1}} + \beta_2 \frac{\Delta REV_{i,t} - \Delta REC_{i,t}}{TA_{i,t-1}} + \beta_3 \frac{PPE_{i,t}}{TA_{i,t-2}} + \varepsilon_{i,t} \tag{5-5}$$

在式（5-5）中，$TA_{i,t}$表示集团 i 第 t 年总应计利润，用净利润减去经营现金净流量；$\Delta REV_{i,t}$表示集团 i 第 t 年与第 t-1 年主营业务收入之差；$\Delta REC_{i,t}$表示集团 i 第 t 年与第 t-1 年应收账款之差；$PPE_{i,t}$表示集团 i 第 t 年固定资产净额；$\varepsilon_{i,t}$表示误差项。通过分年度回归、分行业回归，得到各年、各行业回归系数 $\hat{\beta}_1$、$\hat{\beta}_2$ 和 $\hat{\beta}_3$。

再将回归系数代入式（5-6）：

$$\frac{NDA_{i,t}}{TA_{i,t-1}} = \hat{\beta}_1 \frac{1}{TA_{i,t-1}} + \hat{\beta}_2 \frac{\Delta REV_{i,t} - \Delta REC_{i,t}}{TA_{i,t-1}} + \hat{\beta}_3 \frac{PPE_{i,t}}{TA_{i,t-2}} \tag{5-6}$$

从而得到非操控性应计盈余估计值 $NDA_{i,t}$，进一步算出可操控性应计利润 $DA_{i,t} = \frac{TA_{i,t}}{TA_{i,t-1}} - \frac{NDA_{i,t}}{TA_{i,t-1}}$。

5. 会计稳健性

使用凯恩和瓦茨（Khan and Watts，2009）的年度/公司稳健性指标，先计算差异及时性指标（Basu，1997）：

$$\frac{EPS_{i,t}}{P_{i,t-1}} = \beta_0 + \beta_1 D_{i,t} + \beta_2 R_{i,t} + \beta_3 D_{i,t} \times R_{i,t} + \xi \tag{5-7}$$

在式（5-7）中，$EPS_{i,t}$表示集团 i 在第 t 年度披露的扣除非正常性损失后的基本每股收益；$P_{i,t-1}$表示集团 i 在 t-1 年末股票价格（集团 i 在第 t 年 4 月份收盘价）；$R_{i,t}$表示集团 i 第 t 年年度累计股票报酬率，即 $R_{i,t} = \prod_{j-1}^{12}(1 + R_{i,t}) - 1$（$R_{i,j}$表示集团 i 在第 j 月股票报酬率）；$D_{i,t}$表示 0-1 虚拟变量，当 $R_{i,t} < 0$ 时取 1，否则取 0。在式（5-7）中，β_2 表示对“好消息”的盈余反应及时程度，$\beta_2 + \beta_3$ 表示对“坏消息”

比“好消息”盈余反应及时程度的增量，能够反映会计稳健性水平。在巴苏（Basu，1997）模型基础上用 G－score 表示“好消息”确认及时程度，用 C－score 表示集团会计稳健性水平。

$$G-score=\beta_2=\mu_0+\mu_1 Size_{i,t}+\mu_2 MTB_{i,t}+\mu_3 Lev_{i,t} \qquad (5-8)$$

$$C-score=\beta_3=\lambda_0+\lambda_1 Size_{i,t}+\lambda_2 MTB_{i,t}+\lambda_3 Lev_{i,t} \qquad (5-9)$$

在式（5－8）和式（5－9）中，$Size_{i,t}$表示集团资产总规模自然对数，$MTB_{i,t}$表示集团权益市场价值与权益账面价值比值，$Lev_{i,t}$表示集团年末资产负债率。将式（5－8）和式（5－9）代入式（5－7），整理得到式（5－10）：

$$\begin{aligned}ESP/P=&\beta_0+\beta_1 D_{i,t}+R_{i,t}(\mu_0+\mu_1 Size_{i,t}+\mu_2 MTB_{i,t}+\mu_3 Lev_{i,t})\\&+D_{i,t}\times R_{i,t}(\lambda_0+\lambda_1 Size_{i,t}+\lambda_2 MTB_{i,t}+\lambda_3 Lev_{i,t})\\&+(\delta_1 Size_{i,t}+\delta_2 MTB_{i,t}+\delta_3 Lev_{i,t}+\delta_4 D_{i,t}\times Size_{i,t}\\&+\delta_5 D_{i,t}\times MTB_{i,t}+\delta_6 D_{i,t}\times Lev_{i,t})+\xi \qquad (5-10)\end{aligned}$$

对式（5－10）进行分年度回归，可得到系数λ_0、λ_1、λ_2和λ_3，并将它们代入式（5－9），则可计算得到每个企业集团每年度的会计稳健性 $C-score_{i,t}$。

各变量定义和计算过程，见表5－1。

表5－1　各变量定义和计算过程

变量类型	变量符号	变量名称	变量说明
被解释变量	$NCSKEW_{i,t+1}$	负收益偏态系数	第t+1年i公司的负收益偏态系数
	$DUVOL_{i,t+1}$	收益上下波动比率	第t+1年i公司的收益上下波动比率
解释变量	$Cen1_{i,t}$	经营权集权程度	第t年i公司的1/2×[（母公司报表营业总收入/合并报表营业总收入）+（母公司税费支出/合并报表税费支出）]
	$Cen2_{i,t}$	财务权集权程度	第t年i公司的货币资金集中管理（CashCen）和负债集中度（DebtCen）两个虚拟变量相加数。当i的持现比例高于年度行业中位数时CashCen取1，否则取0；当i采用集中负债管理时DebtCen取1，否则取0

续表

变量类型	变量符号	变量名称	变量说明
中介变量	$OverI_{i,t}$	过度投资	第 t 年 i 公司的过度投资，根据理查德森（Richardson，2006）模型估算出实际投资与预期投资的残差，若残差大于 0，用残差衡量过度投资，否则，过度投资取值为 0
	$Tran_{i,t}$	会计信息透明度	第 t 年 i 公司的会计信息透明度，使用盈余激进度十分位数与盈余平滑度十分位数之和的均值
	$Da_{i,t}$	盈余管理	第 t 年 i 公司的盈余管理程度，使用修正的 Jones 模型回归而得，具体过程详见式（5 - 5）和式（5 - 6）
	$C-score_{i,t}$	会计稳健性	第 t 年 i 公司的会计稳健性，根据 Basu 模型与 K - W 模型计算而得，具体过程详见式（5 - 9）
调节变量	$Intercon_{i,t}$	内部控制	第 t 年 i 公司的内部控制水平，使用迪博·中国上市公司内部控制指数的自然对数
控制变量	$NCSKEW_{i,t}$	负收益偏态系数	第 t 年 i 公司的负收益偏态系数
	$DUVOL_{i,t}$	收益上下波动比率	第 t 年 i 公司的收益上下波动比率
	$Dturn_{i,t}$	月平均超额换手率	第 t 年 i 公司的与第 t - 1 年股票的月平均换手率之差
	$Ret_{i,t}$	周特有收益率均值	第 t 年 i 公司的平均的周特有收益率
	$Sigma_{i,t}$	周特有收益率标准差	第 t 年 i 公司的周特有收益的标准差
	$Lev_{i,t}$	资产负债率	第 t 年 i 公司的期末负债总额/期末总资产
	$Size_{i,t}$	公司规模	第 t 年 i 公司的期末总资产的自然对数值
	$Growth_{i,t}$	公司成长性	第 t 年 i 公司的主营业务收入增长率
	$Age_{i,t}$	公司年龄	第 t 年末 i 公司的上市年龄
	$Mb_{i,t}$	账市比	第 t 年 i 公司的期末净资产/(第 t 年期末股价 × 流通股股数 + 每股净资产 × 非流通股股数)

续表

变量类型	变量符号	变量名称	变量说明
控制变量	$Roa_{i,t}$	总资产收益率	第 t 年末 i 公司的净利润/总资产
	$First_{i,t}$	股权集中度	第 t 年末 i 公司的第一大股东持股比例
	$Ppe_{i,t}$	固定资产净额占比	第 t 年末 i 公司的固定资产净额/总资产
	$Int_{i,t}$	无形资产净额占比	第 t 年末 i 公司的无形资产净额/总资产
	Year	年度变量	以中国证监会 2012 年行业分类为标准，设置行业哑变量，属于该行业为 1，否则为 0
	Ind	行业变量	年度哑变量，属于该年度为 1，否则为 0

资料来源：笔者根据本章变量定义的方法整理而得。

（四）模型设定

1. 决策权集中度与股价崩盘风险关系模型

为了检验假设 5－1 和假设 5－3 中集团决策权集中度对股价崩盘风险的影响，以股价崩盘风险 Crashrisk 为被解释变量，构建式（5－11）。

$$\begin{aligned} Crashrisk_{i,t+1} = {} & \beta_0 + \beta_1 Cen(X)_{i,t} + \beta_2 Crashrisk_{i,t} + \beta_3 Dturn_{i,t} \\ & + \beta_4 Ret_{i,t} + \beta_5 Sigma_{i,t} + \beta_6 Lev_{i,t} + \beta_7 Size_{i,t} \\ & + \beta_8 Growth_{i,t} + \beta_9 Age_{i,t} + \beta_{10} Mb_{i,t} + \beta_{11} Roa_{i,t} \\ & + \beta_{12} First_{i,t} + \beta_{13} Ppe_{i,t} + \beta_{14} Int_{i,t} + \sum Ind \\ & + \sum Year + \varepsilon_{i,t} \end{aligned} \tag{5-11}$$

在式（5－11）中，被解释变量使用 $NCSKEW_{i,t+1}$ 和 $DUVOL_{i,t+1}$ 衡量，$Cen(X)_{i,t}$ 以 $Cen1_{i,t}$ 和 $Cen2_{i,t}$ 衡量。

2. 决策权集中度影响股价崩盘风险的中介机制模型

为检验假设 5－2a、假设 5－2b、假设 5－2c 和假设 5－4a 中集团决策权集中度对股价崩盘风险影响的中介机制，参考温忠麟（2004）的方法，在式（5－11）的基础上构建式（5－12）和式（5－13）。

$$M_{i,t} = \beta_0 + \beta_1 Cen(X)_{i,t} + \beta_2 Lev_{i,t} + \beta_3 Size_{i,t} + \beta_4 Growth_{i,t} + \beta_5 Age_{i,t} + \beta_6 Mb_{i,t} + \beta_7 Roa_{i,t} + \beta_8 First_{i,t} + \sum Ind + \sum Year \quad (5-12)$$

$$Crashrisk_{i,t+1} = \beta_0 + \beta_1 Cen(X)_{i,t} + \beta_2 M_{i,t} + \beta_3 Crashrisk_{i,t} + \beta_4 Dturn_{i,t} + \beta_5 Ret_{i,t} + \beta_6 Sigma_{i,t} + \beta_7 Lev_{i,t} + \beta_8 Size_{i,t} + \beta_9 Growth_{i,t} + \beta_{10} Age_{i,t} + \beta_{11} Mb_{i,t} + \beta_{12} Roa_{i,t} + \beta_{13} First_{i,t} + \beta_{14} Ppe_{i,t} + \beta_{15} Int_{i,t} + \sum Ind + \sum Year + \varepsilon_{i,t} \quad (5-13)$$

在式（5－12）和式（5－13）中，$M_{i,t}$分别用中介变量过度投资（$OverI_{i,t}$）、会计信息透明度（$Tran_{i,t}$）、盈余管理（$Da_{i,t}$）、会计稳健性（$C-score_{i,t}$）代替。

3. **内部控制效率对决策权集中度与股价崩盘风险关系的调节机制模型**

为检验假设5－5a、假设5－5b中内部控制效率对集团决策权集中度与股价崩盘风险影响关系的调节效应，建立式（5－14）。

$$Crashrisk_{i,t+1} = \beta_0 + \beta_1 Cen(X)_{i,t} + \beta_2 Intercon_{i,t} + \beta_3 Cen(X)_{i,t} \times Intercon_{i,t} + \beta_4 Crashrisk_{i,t} + \beta_5 Dturn_{i,t} + \beta_6 Ret_{i,t} + \beta_7 Sigma_{i,t} + \beta_8 Lev_{i,t} + \beta_9 Size_{i,t} + \beta_{10} Growth_{i,t} + \beta_{11} Age_{i,t} + \beta_{12} Mb_{i,t} + \beta_{13} Roa_{i,t} + \beta_{14} First_{i,t} + \beta_{15} Ppe_{i,t} + \beta_{16} Int_{i,t} + \sum Ind + \sum Year + \varepsilon_{i,t} \quad (5-14)$$

在式（5－14）中，$Intercon_{i,t}$表示内部控制变量。

第四节 实证结果与实证分析

一、描述性统计结果与分析

变量描述性统计，见表5-2。由表5-2可知，衡量集团股价崩盘风险的负收益偏态系数（$NCSKEW_{i,t+1}$）与收益上下波动比率（$DUVOL_{i,t+1}$）的均值分别为0.146与-0.444，尽管度量方式不同，但二者方向一致；二者标准差分别为0.939与0.672，较大的标准差表明企业集团之间的股价崩盘风险差异较大。在衡量决策权集中配置的两个指标中，$Cen1_{i,t}$的均值为0.460，表明从经营业务向母公司集中程度的角度衡量经营权集权程度，母公司经营业务占比在50%以下，标准差为0.327，表明企业集团间经营权集权程度差别较大；$Cen2_{i,t}$均值、中位数分别为0.514和0，表明使用基于货币资金集中管理和负债集中管理来衡量财务集权、被识别为财务集权管理的企业集团少于50%。

表5-2 变量描述性统计

变量	样本量	均值	最小值	1/4分位数	中位数	3/4分位数	最大值	标准差
$NCSKEW_{i,t+1}$	8239	0.146	-2.424	-0.447	0.170	0.777	2.302	0.939
$DUVOL_{i,t+1}$	8239	-0.444	-2.232	-0.876	-0.449	0.020	1.065	0.672
$Cen1_{i,t}$	8239	0.460	0.000	0.143	0.461	0.751	1.000	0.327
$Cen2_{i,t}$	8239	0.514	0	0	0	1.000	2.000	0.582
$OverI_{i,t}$	8239	0.026	0	0	0.010	0.065	0.172	0.033
$Tran_{i,t}$	8239	5.419	1.563	4.070	5.455	6.740	9.354	1.844

续表

变量	样本量	均值	最小值	1/4 分位数	中位数	3/4 分位数	最大值	标准差
$Da_{i,t}$	8239	0.026	−0.243	−0.031	0.020	0.076	0.375	0.101
$C-score_{i,t}$	8239	0.018	−0.185	−0.022	0.015	0.062	0.196	0.071
$Intercon_{i,t}$	8239	6.519	6.149	6.465	6.532	6.579	6.839	0.118
$Dturn_{i,t}$	8239	−0.091	−1.668	−0.212	−0.041	0.157	0.913	0.432
$Ret_{i,t}$	8239	0.005	−0.026	0.001	0.004	0.011	0.052	0.014
$Sigma_{i,t}$	8239	0.067	0.030	0.056	0.062	0.067	0.145	0.022
$Lev_{i,t}$	8239	0.493	0.074	0.347	0.502	0.645	0.879	0.197
$Size_{i,t}$	8239	22.200	19.816	21.315	22.026	22.936	25.928	1.253
$Growth_{i,t}$	8239	0.179	−0.518	−0.016	0.119	0.275	2.521	0.395
$Age_{i,t}$	8239	12.486	3.000	8.000	13.000	16.000	25.000	4.955
$Mb_{i,t}$	8239	1.198	0.133	0.498	0.861	1.535	5.529	1.035
$Roa_{i,t}$	8239	0.042	−0.123	0.013	0.034	0.065	0.219	0.052
$First_{i,t}$	8239	0.360	0.085	0.233	0.340	0.473	0.757	0.155
$Ppe_{i,t}$	8239	0.250	0.002	0.110	0.215	0.360	0.745	0.177
$Int_{i,t}$	8239	0.050	0	0.015	0.033	0.060	0.377	0.059

资料来源：笔者根据本章使用的样本数据运用 Stata 14.0 软件描述统计而得。

二、多元回归分析结果与分析

（一）决策权配置与股价崩盘风险关系检验

决策权配置与股价崩盘风险，见表 5－3。表 5－3 是式（5－11）的回归结果。第（1）列、第（3）列经营权集权程度（$Cen1_{i,t}$）回归系数分别为 −0.070 和 −0.041 且均在5%的水平上显著，表明经营权集中（分散）配置降低（提高）了股价崩盘风险，假设 5－1 获得验证；第（2）列、第（4）列财务权集权程度（$Cen2_{i,t}$）回归系数分别为 －0.015 和 －0.011 且均在 10% 的水平上显著，表明财务权集中（分散）配置降低（加大）了股价崩盘风险，假设 5－3 得到验证。而根据温忠麟（2004）的中介效应检验法要求，假设 5－2a、假设 5－2b、假设 5－2c 和假设 5－4a 的中介效应可继续检验。同时，从控制变量回归结果看，第 t 年负收益偏态系数（$NCSKEW_{i,t}$）及收益上下波动比（$DUVOL_{i,t}$）、企业集团规模（$Size_{i,t}$）、固定资产占总资产比值（$Ppe_{i,t}$）等回归系数显著为正，周特有收益率均值（$Ret_{i,t}$）、去趋势化换手率（$Dturn_{i,t}$）、周特有收益率标准差（$Sigma_{i,t}$）、账市比（$Mb_{i,t}$）、第一大股东持股比例（$First_{i,t}$）等回归系数显著为负，这与既有研究结论基本一致。

表 5－3　　决策权配置与股价崩盘风险

变量	$NCSKEW_{i,t+1}$		$DUVOL_{i,t+1}$	
	(1)	(2)	(3)	(4)
$Cen1_{i,t}$	－0.070** (－2.05)	—	－0.041** (－1.99)	—
$Cen2_{i,t}$	—	－0.015* (－1.75)	—	－0.011* (－1.81)
$NCSKEW_{i,t}$	0.147*** (12.66)	0.147*** (12.61)	—	—
$DUVOL_{i,t}$	—	—	0.058*** (4.94)	0.058*** (4.96)
$Dturn_{i,t}$	－0.053*** (－2.71)	－0.052*** (－2.69)	－0.149*** (－9.95)	－0.150*** (－9.98)
$Ret_{i,t}$	－7.025*** (－8.90)	－7.028*** (－8.92)	13.548*** (19.86)	13.549*** (19.88)
$Sigma_{i,t}$	－1.576*** (－5.29)	－1.533*** (－5.12)	－1.701*** (－7.60)	－1.720*** (－7.71)

续表

变量	$NCSKEW_{i,t+1}$		$DUVOL_{i,t+1}$	
	(1)	(2)	(3)	(4)
$Lev_{i,t}$	0. 032 (1. 42)	0. 028 (1. 37)	0. 442 *** (8. 35)	0. 432 *** (8. 15)
$Size_{i,t}$	0. 085 *** (7. 08)	0. 084 *** (7. 01)	0. 053 *** (6. 29)	0. 052 *** (6. 15)
$Growth_{i,t}$	-0. 001 (-1. 09)	-0. 001 (-1. 10)	-0. 001 (-0. 32)	-0. 001 (-0. 31)
$Age_{i,t}$	-0. 002 (-0. 70)	-0. 003 (-1. 23)	-0. 002 (-1. 09)	-0. 003 (-1. 58)
$Mb_{i,t}$	-0. 080 *** (-5. 71)	-0. 082 *** (-5. 81)	-0. 196 *** (-19. 42)	-0. 196 *** (-19. 45)
$Roa_{i,t}$	0. 921 *** (4. 06)	0. 909 *** (4. 01)	0. 639 *** (4. 03)	0. 626 *** (3. 95)
$First_t$	-0. 276 *** (-3. 64)	-0. 275 *** (-3. 62)	-0. 204 *** (-3. 83)	-0. 200 *** (-3. 76)
$Ppe_{i,t}$	0. 359 *** (5. 48)	0. 383 *** (5. 97)	0. 225 *** (4. 89)	0. 237 *** (5. 27)
$Int_{i,t}$	0. 062 (0. 41)	0. 067 (0. 44)	-0. 118 (-1. 10)	-0. 118 (-1. 10)
Constant	-1. 682 *** (-6. 88)	-1. 628 *** (-6. 69)	-1. 592 *** (-9. 20)	-1. 536 *** (-8. 91)
Ind/Year	控制	控制	控制	控制
观测值数	8239	8239	8239	8239
Adj. R^2	0. 037	0. 038	0. 062	0. 064

注：括号内是对标准误进行异方差稳健处理及公司层面群聚调整后的 t 值，***、**、*分别表示在 1%、5% 和 10% 的水平上显著。"—"表示无数据。

资料来源：笔者根据相关样本数据运用 Stata 14. 0 软件对式（5 - 11）回归分析而得。

（二）决策权配置与股价崩盘风险关系的中介效应检验

根据温忠麟（2004）的中介效应检验法，在决策权配置对股价崩盘风险存在影响的假设 5－1 获得验证的基础上，分两步继续检验该影响的中介效应。

第一步，决策权配置与各中介变量关系的检验。决策权配置与中介变量的回归结果，见表 5－4。根据假设 5－2a、假设 5－2b、假设 5－2c 和假设 5－4a 中需检验的中介作用机制，在式（5－12）的基础上，确定需检验的决策权配置与中介变量的关系。一方面，第（1）列、第（2）列、第（3）列分别列示了经营权集权程度（$Cen1_{i,t}$）对会计信息透明度（$Tran_{i,t}$）、盈余管理（$Da_{i,t}$）、会计稳健性（$C-score_{i,t}$）等中介变量的回归结果。可见，变量 $Tran_{i,t}$ 回归系数显著为正，变量 $Da_{i,t}$ 回归系数显著为负，变量 $C-score_{i,t}$ 回归系数显著为正，说明企业集团经营权集中（分散）配置提高（降低）了会计信息透明度、降低（提高）了盈余管理程度、提高（降低）了会计稳健性水平。另一方面，第（4）列列示了财务权集权程度（$Cen2_{i,t}$）对中介变量过度投资（$OverI_{i,t}$）影响的回归结果。可见，变量 $OverI_{i,t}$ 回归系数显著为负，这说明财务权集中（分散）配置降低（提高）了过度投资水平。

表 5－4　　决策权配置与中介变量的回归结果

变量	$Tran_{i,t}$	$Da_{i,t}$	$C-score_{i,t}$	$OverI_{i,t}$
	(1)	(2)	(3)	(4)
$Cen1_{i,t}$	0.225*** (3.21)	-0.011* (-1.77)	0.005** (1.97)	—
$Cen2_{i,t}$	—	—	—	-0.112** (-1.97)
$Lev_{i,t}$	-0.600*** (-4.19)	0.014 (1.56)	0.116*** (6.86)	0.137*** (3.65)

续表

变量	$Tran_{i,t}$	$Da_{i,t}$	$C-score_{i,t}$	$OverI_{i,t}$
	(1)	(2)	(3)	(4)
$Size_{i,t}$	0.188*** (8.27)	-0.003* (1.95)	-0.050*** (-9.43)	0.053*** (8.92)
$Growth_{i,t}$	0.001 (1.50)	-0.001 (-0.38)	-0.001 (-0.47)	-0.001 (-0.81)
$Age_{i,t}$	-0.013*** (-2.71)	0.001 (0.63)	0.001*** (7.13)	-0.003 (-1.61)
$Mb_{i,t}$	-0.216*** (-8.06)	0.003 (1.50)	-0.001 (-1.62)	-0.030*** (-4.31)
$Roa_{i,t}$	-6.394*** (-14.94)	0.539*** (19.52)	-0.011 (-1.14)	0.709*** (6.37)
$First_{i,t}$	-0.210 (-1.45)	-0.014 (-1.52)	-0.001 (-0.09)	-0.178*** (-4.72)
Constant	2.198*** (4.72)	0.069** (2.28)	1.020*** (13.71)	-0.785*** (-6.50)
Ind/Year	控制	控制	控制	控制
观测值数	8239	8239	8239	8239
Adj. R^2	0.037	0.060	0.163	0.034

注：括号内是对标准误进行异方差稳健处理及公司层面群聚调整后的 t 值，***、**、*分别表示在1%、5%和10%的水平上显著。“—”表示无数据。

资料来源：笔者根据相关样本数据运用 Stata 14.0 软件对式（5-12）回归分析而得。

第二步，决策权配置与股价崩盘风险关系的传导路径检验。在式（5-13）的基础上，确定需检验的决策权配置变量、中介变量与股价崩盘风险的关系。中介效应检验结果，见表5-5。

表 5 -5　　中介效应检验结果

变量	$M = Tran_{i,t}$	$M = Da_{i,t}$	$M = C - score_{i,t}$	$M = OverI_{i,t}$
Panel A：以 $NCSKEW_{t+1}$ 为被解释变量				
	(1)	(2)	(3)	(4)
$Cen1_{i,t}$	-0.071 * (-1.88)	-0.070 * (-1.87)	-0.071 * (-1.89)	—
$Cen2_{i,t}$	—	—	—	-0.011 (-1.51)
$M_{i,t}$	-0.009 ** (-1.96)	0.094 (0.97)	-1.140 *** (-4.32)	0.807 *** (4.60)
Control	控制	控制	控制	控制
Ind/Year	控制	控制	控制	控制
观测值数	8239	8239	8239	8239
Adj. R^2	0.037	0.037	0.039	0.039
Sobel Z 值	—	-0.851	—	—
Panel B：以 $DUVOL_{t+1}$ 为被解释变量				
变量	$M = Tran_{i,t}$	$M = Da_{i,t}$	$M = C - score_{i,t}$	$M = OverI_{i,t}$
	(1)	(2)	(3)	(4)
$Cen1_{i,t}$	-0.041 ** (-2.19)	-0.043 ** (-2.27)	-0.042 ** (-2.20)	—
$Cen2_{i,t}$	—	—	—	-0.009 (-1.59)
$M_{i,t}$	-0.008 ** (-2.02)	0.135 (0.79)	-0.627 *** (-3.35)	0.095 *** (4.12)
Control	控制	控制	控制	控制
Ind/Year	控制	控制	控制	控制
观测值数	8239	8239	8239	8239
Adj. R^2	0.062	0.065	0.064	0.063
Sobel Z 值	—	-0.721	—	—

注：括号内是对标准误进行异方差稳健处理及公司层面群聚调整后的 t 值，***、**、*分别表示在 1%、5% 和 10% 的水平上显著。“—”表示无数据。

资料来源：笔者根据相关样本数据运用 Stata 14.0 软件对式（5 - 13）回归分析而得。

一方面，Panel A 第（1）列、第（2）列、第（3）列及 Panel B 第（1）列、第（2）列、第（3）列 $Cen1_{i,t}$ 回归系数均显著为负，Panel A 第（1）列、Panel B 第（1）列中介变量 $Tran_{i,t}$ 回归系数均显著为负，Panel A 第（2）列、Panel B 第（2）列中介变量 $Da_{i,t}$ 回归系数均不显著，且 Sobel 检验 Z 值分别为 -0.851 和 -0.721，均小于临界值 0.97，Panel A 第（3）列、Panel B 第（3）列中介变量 $C-score_{i,t}$ 回归系数均显著为负，加之表 5-3 第（1）列、第（3）列 $Cen1_{i,t}$ 回归系数显著为负，表 5-5 第（1）列、第（2）列、第（3）列 $Cen1_{i,t}$ 回归系数分别显著为正、显著为负和显著为正。这表明，经营权集中（分散）配置通过降低（提高）会计信息透明度和会计稳健性而提高（降低）了股价崩盘风险，会计信息透明度和会计稳健性发挥了部分中介效应，假设 5-2a、假设 5-2c 得到验证；而盈余管理在经营权集中配置和股价崩盘风险关系的中介效应不显著，假设 5-2b 未得到验证。

另一方面，鉴于 Panel A 第（4）列及 Panel B 第（4）列 $Cen2_{i,t}$ 回归系数均不显著，而中介变量 $OverI_{i,t}$ 回归系数均显著为正，加之前文表 5-3 中第（2）列、第（4）列 $Cen2_{i,t}$ 回归系数显著为负，而表 5-4 中第（4）列 $Cen2_{i,t}$ 回归系数分别显著为负，这表明财务权集中（分散）配置通过降低（提高）过度投资水平而降低（提高）了股价崩盘风险，过度投资发挥了完全中介效应，假设 5-4a 得到验证。

（三）内部控制对决策权配置与股价崩盘风险关系的调节效应检验

内部控制对决策权配置与股价崩盘风险关系的调节效应检验结果，见表 5-6。表 5-6 列示了内部控制效率（$Intercon_{i,t}$）对决策权配置与股价崩盘风险关系的调节效应结果。可见，在第（1）列、第（3）列中，经营权集权程度和内部控制效率交乘项（$Cen1_{i,t} \times Intercon_{i,t}$）回归系数分别在 5% 和 10% 的水平上显著为正，这表明高效率内部控制弱化了经营权集中（分散）配置带来的股价崩盘风险负（正）效应；在第（2）列、第（4）列中，财务权集权程度与内部控制效率交乘项（$Cen2_{i,t} \times Intercon_{i,t}$）回归系数均在 5% 的水平上显著为正，这表明高效率内部控制同样弱化了财务权集中（分散）配置带来的股价崩盘风险负（正）效应。假设 5 -5a、假设 5 -5b 得到验证。

表 5 -6　内部控制对决策权配置与股价崩盘风险关系的调节效应检验结果

变量	$NCSKEW_{i,t+1}$		$DUVOL_{i,t+1}$	
	(1)	(2)	(3)	(4)
$Cen1_{i,t}$	-1.334* (-1.89)	—	-0.064* (-1.76)	—
$Cen2_{i,t}$	—	-0.293 (-0.33)	—	-0.030 (-0.05)
$Intercon_{i,t}$	-0.065** (-2.38)	-0.060** (-2.01)	-0.102* (-1.72)	-0.105* (-1.81)
$Cen1_{i,t} \times Intercon_{i,t}$	0.215** (1.97)	—	0.012* (1.93)	—
$Cen2_{i,t} \times Intercon_{i,t}$	—	0.047** (2.35)	—	0.013** (2.16)
Control	控制	控制	控制	控制
Ind/Year	控制	控制	控制	控制
观测值数	8239	8239	8239	8239
Adj. R^2	0.038	0.038	0.062	0.062

注：括号内是对标准误进行异方差稳健处理及公司层面群聚调整后的 t 值，**、* 分别表示在 5% 和 10% 的水平上显著。"—" 表示无数据。

资料来源：笔者根据相关样本数据运用 Stata 14.0 软件对式（5 -14）回归分析而得。

第五节　稳健性检验与拓展性分析

一、改变被解释变量的度量指标

本章参考奇姆、李和张（Kim, Li and Zhang, 2011）、梁权熙和曾海舰（2016）的做法，设置公司年度崩盘风险指标 $Crash_{i,t+1}$。当某企业集团在第 t+1 年度至少有一周特有收益率低于年度均值 3.2 个标准差时，则认定其在第 t+1 年度内发生过股价崩盘，$Crash_{i,t+1}$指标取 1，否则取 0。以该指标度量股价崩盘风险的基础上，重新对式（5-11）进行 Logit 回归。更换被解释变量度量指标后企业集团决策权配置与公司股价崩盘风险的回归结果，见表 5-7。可以看到，第（1）列经营权集权程度（$Cen1_{i,t}$）回归系数仍然在 5% 的水平上显著为负，第（2）列财务权集权程度（$Cen2_{i,t}$）回归系数仍然在 5% 的水平上显著为负。其结果和表 5-3 一致，本书前文相关检验可靠。

表 5-7　　更换被解释变量度量指标后企业集团决策权配置与公司股价崩盘风险的回归结果

变量	$Crash_{i,t+1}$	
	（1）	（2）
$Cen1_{i,t}$	-0.187** (-2.49)	—
$Cen2_{i,t}$	—	-0.053** (-2.31)
Control	控制	控制
Ind/Year	控制	控制
观测值数	8239	8239
Pseudo R^2	0.036	0.036

注：括号内是对标准误进行异方差稳健处理及公司层面群聚调整后的 z 值，***、** 分别表示在 1%、5% 的水平上显著。

资料来源：笔者根据相关样本数据，笔者更换被解释变量度量指标后运用 Stata 14.0 软件对式（5-11）回归分析而得。

二、考虑内生性的进一步检验

（一）动态面板数据的系统广义矩估计（SYS-GMM）检验

由表 5-3 可见，衡量股价崩盘风险的两个变量均存在高度序列相关。因此，本章借鉴李延喜和陈克兢（2014）、蔡燕萍和刘晓光（2018）的做法，对式（5－11）进行适度调整，构造动态面板数据模型（仅保留 $Crashrisk_{i,t}$ 滞后一期形式为工具变量，其他解释变量、控制变量和被解释变量均采用第 t＋1 期值），并在其基础上进行系统广义矩估计（SYS－GMM）检验。决策权配置与股价崩盘风险的动态面板数据模型 SYS－GMM 回归结果，见表 5－8。可见，各列阿里拉诺－邦德检验（Arellano－Bond test）的 AR(1) 的 p 值均等于 0，AR(2) 的 p 值均大于 0.100，说明随机误差项差分存在一阶自相关但不存在二阶自相关，构建动态面板数据模型是合理的；同时，萨根检验（Sargan test）的 p 值也都大于 0.100，说明工具变量不存在过度识别。从回归结果看，第（1）列、第（3）列经营权集权程度（$Cen1_{i,t+1}$）回归系数依然显著为负；第（2）列、第（4）列财务权集权程度（$Cen2_{i,t+1}$）回归系数依然显著为负。本章前文相关检验结果是稳健的。

表 5－8　决策权配置与股价崩盘风险的动态面板数据模型 SYS－GMM 回归结果

变量	$NCSKEW_{i,t+1}$		$DUVOL_{i,t+1}$	
	(1)	(2)	(3)	(4)
$Cen1_{i,t+1}$	－0.072** (－2.37)	—	－0.053** (－2.55)	—
$Cen2_{i,t+1}$	—	－0.010* (－1.69)	—	－0.017** (－2.46)
$NCSKEW_{i,t}$	0.095*** (6.83)	0.094*** (6.78)	—	—
$DUVOL_{i,t}$	—	—	0.102*** (7.74)	0.101*** (7.69)
$Dturn_{i,t+1}$	－0.057*** (－2.82)	－0.056*** (－2.72)	－0.125*** (－6.85)	－0.127*** (－6.90)
$Ret_{i,t+1}$	－6.528*** (－7.36)	－6.530*** (－7.38)	8.548*** (13.45)	8.549*** (13.46)

续表

变量	$NCSKEW_{i,t+1}$		$DUVOL_{i,t+1}$	
	(1)	(2)	(3)	(4)
$Sigma1_{i,t+1}$	-1.639*** (-5.36)	-1.637*** (-5.32)	-1.305*** (-4.87)	-1.301*** (-4.83)
$Lev_{i,t+1}$	-0.696*** (-8.74)	-0.704*** (-8.80)	-0.550*** (-9.40)	-0.577*** (-9.82)
$Size_{i,t+1}$	0.070*** (5.52)	0.069*** (5.43)	0.090*** (9.60)	0.092*** (9.89)
$Growth_{i,t+1}$	0.002 (0.90)	0.002 (0.86)	0.001 (0.50)	0.001 (0.38)
$Age_{i,t+1}$	-0.003 (-0.98)	-0.003 (-1.23)	-0.005** (-2.35)	-0.006*** (-3.28)
$Mb_{i,t+1}$	0.058*** (3.85)	0.056*** (3.78)	0.203*** (18.48)	0.203*** (18.45)
$Roa_{i,t+1}$	-0.543** (-2.25)	-0.563** (-2.33)	0.064 (0.36)	0.018 (0.10)
$First_{i,t+1}$	-0.003*** (-3.76)	-0.003*** (-3.70)	-0.001** (-2.05)	-0.001* (-1.86)
$Ppe_{i,t+1}$	0.151** (2.23)	0.173** (2.60)	0.063* (1.82)	0.071* (1.89)
$Int_{i,t+1}$	-0.040 (-0.26)	-0.034 (-0.22)	-0.015 (-0.13)	-0.010 (-0.09)
Constant	-0.944*** (-3.62)	-0.878*** (-3.39)	1.693*** (8.84)	1.831*** (9.62)
Ind/Year	控制	控制	控制	控制
观测值数	8224	8224	8224	8224
χ^2 统计量	172.26	171.35	181.34	182.97
AR(1) P value	0.000	0.000	0.000	0.000
AR(2) P value	0.285	0.282	0.343	0.349
SARGAN P value	0.359	0.354	0.422	0.428

注：括号内是对标准误进行异方差稳健处理及公司层面群聚调整后的 z 值，***、**、*分别表示在1%、5%和10%的水平上显著。

资料来源：笔者根据相关样本数据运用 Stata 14.0 软件对式（5-11）的系统广义矩估计回归分析而得。

（二）工具变量的两阶段回归（2SLS）检验

本章参考王化成、曹丰和叶康涛（2015）的做法，采用同年度同行业其他公司决策权集中配置程度均值作为决策权集中配置程度的工具变量，还进行了工具变量两阶段回归（2SLS）。决策权配置与股价崩盘风险的工具变量两阶段（2SLS）回归结果，见表5－9。可见，在Panel A以$NCSKEW_{i,t+1}$衡量股价崩盘风险的情况下，第（2）列第二阶段回归的经营权集权程度（$Cen1_{i,t}$）系数和第（4）列第二阶段回归的财务权集权程度（$Cen2_{i,t}$）回归系数均显著为负；而在Panel B以$DUVOL_{i,t+1}$衡量公司股价崩盘风险的情况下，第（2）列、第（4）列第二阶段回归的决策权集中配置变量的系数与Panel A中各变量的系数符号都相同且均显著，说明本章前文相关检验结果是稳健的。

表5－9　决策权配置与股价崩盘风险的工具变量两阶段（2SLS）回归结果

Panel A：以$NCSKEW_{i,t+1}$衡量股价崩盘风险

变量	（1）	（2）	（3）	（4）
	第一阶段	第二阶段	第一阶段	第二阶段
	$Cen1_{i,t}$	$NCSKEW_{i,t+1}$	$Cen2_{i,t}$	$NCSKEW_{i,t+1}$
Industry-average $Cen(X)_{i,t}$	0.720*** （4.49）	—	0.846*** （16.77）	—
Instrumented $Cen(X)_{i,t}$	—	－0.069** （－2.10）	—	－0.056** （－2.36）
Control	控制	控制	控制	控制
Ind/Year	控制	控制	控制	控制
观测值数	8239	8239	8239	8239
R^2	0.170	0.033	0.096	0.032

续表

Panel B：以 $DUVOL_{i,t+1}$ 衡量股价崩盘风险				
变量	(1)	(2)	(3)	(4)
	第一阶段	第二阶段	第一阶段	第二阶段
	$Cen1_{i,t}$	$DUVOL_{i,t+1}$	$Cen2_{i,t}$	$DUVOL_{i,t+1}$
Industry-average $Cen(X)_{i,t}$	0.718*** (4.48)	—	0.846*** (16.79)	—
Instrumented $Cen(X)_{i,t}$	—	-0.096** (-2.20)	—	-0.022** (-2.32)
Control	控制	控制	控制	控制
Ind/Year	控制	控制	控制	控制
观测值数	8239	8239	8239	8239
R^2	0.170	0.060	0.096	0.061

注：括号内是对标准误进行异方差稳健处理及公司层面群聚调整后的 t 值，*** 和 ** 分别表示在 1% 和 5% 的水平上显著。“—” 表示无数据。

资料来源：笔者根据相关样本数据运用 Stata 14.0 软件对式（5-11）的工具变量两阶段回归分析而得。

（三）考虑自选择的集团结构改变与股价崩盘风险关系检验

因为并购事件会带来企业集团结构改变，从而引起新的经营权配置行为及财务权配置行为，所以，利用并购这一外生事件检验集团结构改变对股价崩盘风险的影响，可进一步证实决策权配置对股价崩盘风险的影响。基于该考虑，借助并购事件进行倾向得分匹配（PSM）后的回归检验：首先，设置并购冲击变量（$Ma\text{-}after_{i,t}$），若集团前一年度发生过并购行为取值为 1，否则，取值为 0；其次，根据公司层面的影响因素对并购样本按照 nearest-neighbor 的不可重复匹配法进行 1∶1 配对；最后，再采用配对后样本进行回归检验。集团并购与股价崩盘风险的 PSM 回归结果，见表 5-10。由表 5-10 可以看到，在第（1）列、第（2）列中，并购冲击变量（$Ma\text{-}after_{i,t}$）回归系数均显著为正，表明集团并购后的股价崩盘风险显著提高，也说明集团结构改变带来的决策权配置影响了股价崩盘风险。这可以进一步证实决策权配置是引起股价崩盘风险变动的重要因素。

表 5－10　　　　集团并购与股价崩盘风险的 PSM 回归结果

变量	$NCSKEW_{i,t+1}$	$DUVOL_{i,t+1}$
	(1)	(2)
$Ma\text{-}after_{i,t}$	0.010** (1.83)	0.008* (1.70)
Control	控制	控制
Ind/Year	控制	控制
观测值数	2768	2768
Adj. R^2	0.035	0.056

注：括号内是对标准误进行异方差稳健处理及公司层面群聚调整后的 t 值，** 、* 分别表示在 5% 和 10% 的水平上显著。

资料来源：笔者根据相关样本数据运用 Stata 14.0 软件对式（5－11）倾向得分匹配后回归分析而得。

三、拓展性分析：考虑产权性质影响的内部控制调节效应

国内研究者对不同产权下的内部控制功能较为关注，有研究认为非国有公司内部控制功能发挥得更好（王治、张皎洁和郑琦，2015），也有研究认为国有公司内部控制功能发挥得更好（李志斌和章铁生，2017）。不同产权性质下内部控制对决策权配置与股价崩盘风险关系的调节作用，见表 5－11。可见，Panel A 第（1）列、第（3）列和 Panel B 中第（1）列、第（3）列国有样本的交乘项 $Cen1_{i,t} \times Intercon_{i,t}$ 和 $Cen2_{i,t} * Intercon_{i,t}$ 的系数显著为正，且系数的值与显著性水平明显高于 Panel A 中第（2）列、第（4）列和 Panel B 中第（2）列、第（4）列非国有公司样本的交乘项。这说明，国有公司内部控制对决策权配置与股价崩盘风险关系的治理作用较非国有公司更强。原因可能在于：一方面，非国有公司较国有公司的代理问题相对较轻，这同样体现在对子公

司的授权方面（事实上，近年来非国有公司的股价暴跌往往并非由授权引起，而较多源自控制人激进的财务行为和扩张等因素；国有公司的负面信息瀑布则常常源自子公司在授权基础上的不规范运作）；另一方面，虽然在政府部门大力推动下，大多数国有公司内控制度建设比民营公司更健全，但是，实际执行情况却有较大差别。如果国有企业能充分发挥健全的内控制度的作用，那么，它们对授权导致的代理问题的制约作用会更突出，股价崩盘风险会下降更多。

表 5-11　不同产权性质下内部控制对决策权配置与股价崩盘风险关系的调节作用

Panel A：以 $NCSKEW_{i,t+1}$ 衡量股价崩盘风险

变量	(1)	(2)	(3)	(4)
	国有公司	非国有公司	国有公司	非国有公司
$Cen1_{i,t}$	-0.937* (-1.68)	-1.691** (-2.26)	—	—
$Cen2_{i,t}$	—	—	-0.672** (-2.27)	0.203 (1.42)
$Intercon_{i,t}$	-0.083*** (-3.26)	-0.031* (-1.81)	-0.082** (-3.22)	-0.031* (-1.77)
$Cen(X)_{i,t} \times Intercon_{i,t}$	0.271** (2.51)	0.129* (1.68)	0.109*** (4.30)	-0.032 (-1.01)
Control	控制	控制	控制	控制
Ind/Year	控制	控制	控制	控制
观测值数	4757	3482	4757	3482
Adj. R^2	0.042	0.031	0.041	0.032

Panel B：以 $DUVOL_{i,t+1}$ 衡量股价崩盘风险

变量	(1)	(2)	(3)	(4)
	国有公司	非国有公司	国有公司	非国有公司
$Cen1_{i,t}$	-0.092** (-2.37)	-0.031 (-1.60)	—	—
$Cen2_{i,t}$	—	—	-0.209 (-1.63)	0.198 (1.54)

续表

Panel B：以 $DUVOL_{i,t+1}$ 衡量股价崩盘风险				
变量	(1)	(2)	(3)	(4)
	国有公司	非国有公司	国有公司	非国有公司
$Intercon_{i,t}$	-0.076 (-1.26)	-0.129 ** (-2.00)	-0.079 (-1.30)	-0.130 ** (-2.02)
$Cen(X)_{i,t}$ × $Intercon_{i,t}$	0.018 ** (2.54)	0.004 (0.70)	0.025 *** (2.92)	-0.002 (-1.08)
Control	控制	控制	控制	控制
Ind/Year	控制	控制	控制	控制
观测值数	4757	3482	4757	3482
Adj. R^2	0.072	0.038	0.072	0.039

注：括号内是对标准误进行异方差稳健处理及公司层面群聚调整后的 t 值，***、**、*分别表示在1%、5%和10%的水平上显著。“—”表示无数据。

资料来源：根据相关样本数据运用 Stata 14.0 软件对式（5-14）回归分析而得。

第六节　研究结论与启示

本章利用2008~2015年的A股上市公司数据，实证检验了集团决策权配置对股价崩盘风险的影响，并分析了其中介作用机制及内部控制的调节作用。研究发现：经营权分散配置和财务权分散配置均加大了股价崩盘风险；会计信息透明度、会计稳健性在经营权分散配置的股价崩盘风险效应中发挥了显著的中介作用，过度投资在财务权分散配置的股价崩盘风险效应中发挥了显著的中介作用；高效率内部控制能缓解上述决策权配置对股价崩盘风险的影响，且该缓解作用在国有产权的企业集团中表现更强。

基于研究结论，本章提出三点政策建议。（1）在实践中，企业集团在配置决策权时较多基于效率优先原则进行分权或放权，常常忽略决策权配置产生的代理问题。这种代理问题的负面效应在证券市场上会急剧放大，发生严重的股价暴跌事件。因此，企业集团组织形式的设计者应充分意识到资产证券化之后决策权配置的效率优先原则的负面后果，从而根据自身抗风险能力审慎处理各项决策权配置问题。（2）在决策权配置影响股价崩盘风险的作用机制中，过度投资、会计信息透明度和会计稳健性等路径均显著存在。因此，对集团化运作的上市公司而言，若权力配置不当，则投资效率和信息披露会存在较多风险点。作为投资者、审计师、证券分析师等利益相关者，应充分认识到决策权配置对企业投资决策、信息披露产生的影响，并在投资、审计和分析过程中对此类风险给予充分防范，从而更好地维护自身经济利益。（3）内部控制作为旨在有效实现组织目标的约束机制和风险防范规则，改变了集团各项决策配置过程中信息成本与代理成本的强弱对比，有助于组织设计者更多地考虑专业知识在集团内部的分布情况，从而更加突出组织设计的效率优先原则。从这个意义上讲，在辅之以充分完备、富有效率的内部控制机制的前提下，企业集团可以将更多决策权配置于能提高组织运行效率的部门和管理者，从而实现各项组织目标在低风险水平下高效达成。对寻求外延式扩张和即将进行内部权力分配的企业集团而言，高效率内部控制体系将是前置性的基础制度设计。

第六章

精准扶贫参与度、内部控制与股价崩盘风险*

第一节 概　　述

追求经济、社会、环境、资源和人口的全面、协调、可持续发展，是当今人类社会的共同目标。因此，企业在承担对股东的法律责任和追求利润的同时，也应该承担更多社会责任，包括对员工、消费者、社区和环境的责任等。在此背景下，包括中国在内的许多国家的上市公司都成立了专门的社会责任委员会，并举办了大量社会责任活动。与此同时，研究人员也开始探索一个问题：企业社会责任在实践中的经济后果是什么？从企业微观角度看，履行社会责任活动是增加了股东财富，还是成为掩盖经理人败德行为的工具？

在当今中国，一种新的、由政府大力倡导的企业社会责任形式已经出现，是精准扶贫。2015 年，精确扶贫概念正式提出。事实上，在此概念出现之前的 30 年，即 20 世纪 80 年代中期，中国政府就启动了大规模的扶贫开发计划，以促进贫困农村地区的可持续发展。然

* 本章作者为郝东洋，西安财经大学张佩讲师和华东师范大学硕士生潘茹欣。

而，直到2014年底，超过7000万人口仍未摆脱贫困。此外，这些贫困人口变得更加分散，扶贫难度越来越大。传统的粗放式扶贫方法缺乏准确性，难以有效实现扶贫目标。2015年，精准扶贫概念提出。在精准扶贫过程中，除了政府作为主要实施者外，国有企业和民营企业、各种社会组织等也承担了精准扶贫的工作。中国证监会还要求上市公司从2016年起，在年度社会责任报告中披露精准扶贫信息。随着精准扶贫成为企业社会责任的一个重要组成部分，上市公司精准扶贫报告的大量披露也为研究人员提供了一个宝贵的研究机会：作为政府倡导的一项特殊企业社会责任活动，精准扶贫工作给上市公司带来的影响，我们可以借助这个全新的、难得的数据库来开展相关的实证研究。

事实上，从既有文献来看，对于上市公司履行社会责任的动机，有两种不同观点，而基于不同动机的社会责任行为，给上市公司带来的影响也不同。一方面，以管理者为中心的观点认为，企业社会责任服务于公司管理层的利益，而非股东的利益，它对公司主要产生负面的经济影响（Friedman，1970；J. Galashiewics，1997）；另一方面，以股东为中心的观点认为，企业社会责任服务于股东利益，而非公司管理层利益，它对公司主要产生正面的经济影响（R. E. Freeman，1984；C. Fombrun and M. Shanley，1990）。本章认为，作为企业社会责任的一种特殊形式，有必要将上述两种观点结合起来分析中国上市公司参与精确扶贫行为的经济影响。

在此，本章选取了股价崩盘风险这一独特研究视角来考察参与精确扶贫给上市公司带来的具体经济后果。实际上，中国上市公司在证券市场上的股价异常波动风险和股价崩盘风险综合反映了其经营活动和信息披露情况，这已成为当前理论界和实务界关注的重要研究课题，将精准扶贫经济后果的研究拓展到这一研究领域有一定现实意义。

本章以2016~2018年沪深A股上市公司为研究样本，实证检验了中国上市公司精准扶贫参与行为和股价崩盘风险之间的关系，并考察了内部控制环境对该关系的调节作用。实证结果表明，无论是使用是否参与精准扶贫的研究变量还是使用精准扶贫投入规模的研究变量来反映企业的参与行为，精准扶贫参与行为和股价崩盘风险之间都存在显著的负相关关系，这支持了企业社会责任的股东导向假说；对中介路径的进一步研究还表明，上市公司参与精准扶贫与股价崩盘风险之间的中介机制是过度投资和信息透明度，换句话说，参与精准扶贫的上市公司过度投资倾向更小，信息透明度更高，从而降低了股价崩盘的风险；与此同时，调节效应研究结果显示，内部控制对参与精准扶贫与股价崩盘风险的负相关关系起到了反向调节作用，即在内部控制水平更高的环境下，参与精准扶贫降低股价崩盘风险的作用更弱，这表明作为一种政府倡导的企业社会责任计划，参与精准扶贫具有一定的风险治理功能，其与内部控制的风险治理功能存在某种程度的替代性。

本章的贡献主要包括三个方面：第一，作为一种企业社会责任的特殊形式，精准扶贫为研究企业社会责任的经济后果提供了难得的机会，而目前还没有关于企业参与精准扶贫经济后果的研究。本章研究将丰富企业社会责任研究领域的相关文献，并为后续的类似研究提供方法参考。第二，近年来，中国证券市场频繁出现个别公司的股价崩盘现象，政府部门和理论界十分关注其形成原因和制约机制。本章以上市公司参与精准扶贫为对象，提供了其降低股价崩盘风险水平的经验证据，丰富了这一领域的研究成果。第三，内部控制基本规范实施以后，上市公司按照相关规定普遍建立起较为完整的内部控制体系，与此同时，有关内部控制执行经济后果的研究也颇受各界关注。本章研究将内部控制的作用引入上市公司精准扶贫参与行为对股价波动的影响关系中，拓展了相关研究视野。

第二节　文献回顾、理论分析与假设提出

一、文献回顾

（一）精准扶贫与企业社会责任的经济后果

作为一种政府倡导的、全新的企业社会责任形式，精准扶贫工作的

历史仍较短暂。具体来看，2015 年 10 月，国务院扶贫办、全国工商联、中国光彩事业促进会正式发起名为“万企帮万村”的精准扶贫活动；[①] 2016 年底，上海证券交易所和深圳证券交易所要求上市公司自当年起在年度报告的社会责任报告中披露精准扶贫工作的有关信息。[②] 研究数据限制使得截至目前，围绕上市公司参与精准扶贫的驱动因素及经济后果的实证研究仍然处于起步阶段。在既有研究中，除个别文献通过实证分析上市公司精准扶贫参与度的影响因素，发现业绩更好、规模更大、国有产权的公司参与度更高且投入更大（杜世风、石恒贵和张依群，2019）；检验参与精准扶贫经济后果的研究，仅限于对其价值效应的考察，如张曾莲和董志愿（2020）发现，参与精准扶贫对上市公司绩效具有正向溢出效应，并且，非国有企业、西部地区企业的正向溢出效应更强。

鉴于学术界对上市公司参与精准扶贫的经济后果研究仍不充分，本节将针对企业社会责任的经济后果进行文献梳理，以便为精准扶贫研究提供思路上的指引。

目前来看，有关企业承担社会责任的动因和经济后果，有两种相反的观点。一方面，一些研究者认为，企业承担社会责任是为了管理层利益，而非为了股东利益（Friedman，1970；Galashiewicz，1997）。因此，管理者享受了企业承担社会责任的利益，而风险和成本却属于股东，企业社会责任实际上是一种代理成本。遵循这一观点，一些研究者发现了相应的实证证据，例如，企业社会责任增加了不必要的成本和风险，使企业在竞争中处于不利地位（Mc Wlliams，Siegel and Wright，2006；M. Jenson，2002）等。另一方面，一些研究者认为，企业社会责任反映股东利益，而不是管理层利益。企业履行社会责任本质上是与各方保持良好关系的无形资产投入，为企业带来了收益。例如，具有良好社会责任

① “万企帮万村”精准扶贫行动在京启动_滚动_新闻_中国政府网，https：//www. gov. cn/xinwen/2015 - 10/17/content_2948664. htm。

② 沪深交易所完善上市公司扶贫信息披露，https：//www. sohu. com/a/123094779_119038。

感的公司将吸引具有良好社会责任感的消费者（Freeman，1984；Cornell and Shapiro，1987；Hillman and Keim，2002），并将从具有社会责任感的投资者那里获得财务资源（Kapstein，2011），使融资更加方便（Ioannou and Serafeim，2015）并帮助公司摆脱财务困境（Choi and Wang，2009）。同时，企业社会责任还能通过提高公司声誉改善公司的业绩表现（M. L. Barnett，2007；C. J. Fombrun，2005；R. E. Freeman，J. S. Harrison and A. C. Wicks，2007）。

（二）股价崩盘风险的影响因素

对于股价崩盘风险的影响因素，研究者们进行了多年研究，取得了大量研究成果。其中，负面信息捂盘假说（Jin and Myers，2006）很好地描述了公司管理者隐藏坏消息、导致信息瀑布进而引发股价崩盘的全过程，已成为当前学术界的主流研究范式。在此基础上，研究者从信息披露质量（Hutton，Marcus and Tehranian，2009；Francis，Hasan and Li，2016）、影响信息披露的内部治理机制和外部治理机制（Kim，Li and Zhang，2011；Piotroski，Wong and Zhang，2015）等角度解释了股价崩盘风险的形成。同时，研究者还剖析了影响信息披露质量的代理问题对股价崩盘风险产生的影响，其理论逻辑在于，引发股价崩盘风险的隐藏消息“坏”的程度，一方面，会受到公司生成信息方式和披露信息方式的影响；另一方面，还会受到管理者自私动机的影响。随着研究的进展，诸如信息透明度、会计稳健性和过度投资等会计与财务行为，都已被证实了在股价崩盘风险中的重要作用（Hutton，Marcus and Tehranian，2009；Kim，Li and Zhang，2011b）。此外，在上述理论的基础上，一些研究人员还根据明晟“公司的环境、社会和公司治理”（MSCI ESG）数据库的数据讨论了企业社会责任与股价崩盘风险之间的关系（Y. Kim，H. D. Li and S. Q. Li，2014）。

（三）内部控制的风险治理作用

在内部控制基本规范实施后，监管部门和学术界非常关注上市公司内部控制机制的风险治理效果。研究者开展了大量实证研究，并证实了内部控制在提高信息透明度、抑制管理者机会主义（方红星和金玉娜，2011；刘启亮，罗乐、张雅曼和陈汉文，2013）等方面发挥的重要作用。鉴于内部控制具有提高信息透明度、抑制管理者机会主义的功能，而这些因素与股价崩盘风险的形成机制又高度契合，因此，有研究者注意并证实了内部控制对股价崩盘风险的缓解作用（黄政和吴国萍，2017）。

通过上述文献回顾，我们可以看到，在中国证券市场上，上市公司参与精准扶贫是一种特殊的、具有浓厚本土特色的企业社会责任形式。当前，研究者对上市公司参与精准扶贫行为经济后果的探讨还不充分。至于参与精准扶贫的上市公司是否有更低的股价崩盘风险，相关的研究更是空白。同时，既有研究虽然注意到内部控制机制对股价崩盘风险的抑制作用，但是，如何结合更多具体且鲜活的情景，拓展对上述抑制功能的认识，仍值得进一步探讨。基于此，本章将以中国上市公司发布的精准扶贫报告为基础，探讨上市公司对这一特殊企业社会责任的参与度与股价崩盘风险之间的关联关系，并分析其中介作用机制、检验内部控制环境对该关系的调节作用，相应结论将会丰富上述领域的研究文献。

二、理论分析与假设提出

基于企业社会责任动机的两种对立观点，本章针对上市公司参与精准扶贫和股价崩盘风险之间的关系提出以下两个对立假设。

第一，当承担社会责任是以股东为中心或为股东创造价值时，上市公司参与精准扶贫越多，证券市场投资者对上市公司的认可度越高。因此，他们将选择更长时间持有公司股票，这意味着股价更稳定，股价崩盘风险也就更低。

以上影响机制可能包括两种途径。其一，是投资效率路径。如果一家上市公司在履行社会责任时主要考虑股东利益，那么，参与更多精准扶贫工作的上市公司往往是管理者道德标准更高的上市公司。这些上市公司会更多基于股东利益、更少基于管理者私人利益而投资，因此，盲目投资更少，投资效率更高。鉴于过度投资的上市公司往往会隐藏负面信息，这些上市公司隐藏负面信息的可能性也就更低。因此，当投资者发现某些上市公司参与更多精准扶贫活动时，他们更有可能认为这些上市公司不太可能过度投资，也不太可能有负面信息隐藏问题，因此，在持有这些上市公司股票时会更有耐心，从而降低股价崩盘风险。其二，是信息路径。如果在承担社会责任时主要考虑股东利益，那么，参与更多精准扶贫工作的上市公司也会更加注重与投资者、债权人、供应商和其他利益相关方的关系，选择提供更加透明和可靠的信息。这将大大缓解上市公司内外部信息不对称问题，有助于形成对上市公司管理者更有效的监督机制，从而防止潜在的管理者信息隐藏问题。事实上，研究者已经获取的证据表明，信息透明度可以降低股价崩盘风险（Hutton，Marcus and Tehranian，2009；Kim，Li and Zhang，2011）。因此，从这个角度看，当投资者发现某些上市公司参与了更多精准扶贫活动时，他们会相信这些上市公司信息透明度更高，会更加及时充分地披露负面信息，也能很好地规避负面信息瀑布的发生，就会耐心地持有他们的股份，进一步降低股价崩盘风险。

基于上述分析，在上市公司为了股东利益参与精准扶贫的前提下，本章提出了假设 6 – 1a 和假设 6 – 1b。

假设 6 – 1a：如果中国上市公司是为了股东利益而参与精准扶贫，那么，上市公司精准扶贫参与度将与股价崩盘风险呈负相关关系。

第二，当承担社会责任是以管理者为中心或者仅为管理者谋利时，上市公司参与精准扶贫越多，证券市场投资者越认为公司利益会被管理者侵占，面临的风险越大，对上市公司股票的信心就越低。因此，一旦出现这些上市公司的负面信息，就会迅速抛售股票，股价崩盘风险就更高。

同样，以上影响机制可能包括两个途径。其一，是投资效率途径。如果公司管理者在履行社会责任时更关心个人私利，那么，参与更多精准扶贫工作的上市公司往往会面临更严重的代理问题。在这种情况下，代理问题的存在，使公司投资决策并非基于股东利益，相反更有可能是为了管理者的私人经济利益。于是，偏离股东利益的决策降低了上市公司的投资效率。在过度投资后，管理者为了掩盖错误，往往还会选择隐藏相应的负面信息。因此，从这个角度来看，当投资者发现上市公司参与了更多精准扶贫活动时，他们会怀疑这些上市公司存在严重的过度投资问题和负面信息捂盘问题，从而降低了持股信心、加大了股价崩盘风险。其二，是信息路径。如果承担社会责任时考虑的仅是管理者利益，那么，参与更多精准扶贫工作的上市公司可能也会有更低的信息透明度。这反过来又会增加上市公司信息不对称，让疏于监督的上市公司管理者隐藏更多的负面信息。事实上，当管理者把参与精准扶贫工作当作一种工具时，往往是为了掩盖他们的利益侵占或上市公司的商业失败。相应地，负面信息会大量积累并难以释放，同时意味着负面信息瀑布更易发生。因此，从这个角度看，当投资者发现上市公司更多参与精准扶贫活动时，他们会认为上市公司信息透明度很低，负面信息被严重掩盖，从而降低了对其股票的信心，因此，股价崩盘风险就加大了。

假设 6 – 1b：如果中国上市公司是为了管理者利益而参与精准扶贫，那么，上市公司精准扶贫参与度将与股价崩盘风险呈正相关关系。

第三节 研究设计

一、样本选择与数据来源

根据中国证监会要求，自 2016 年年度报告起，中国上市公司开始在社会责任报告中披露精准扶贫信息。因此，本章选取 2016 ~ 2018 年沪深 A 股上市公司为研究样本，剔除 5 种上市公司：（1）金融类上市公司；（2）ST 类上市公司和 *ST 类上市公司；（3）净资产为负的上市公司；(4) 数据不完整的上市公司；(5) 每年特定股票收益率数据少于30周的上市公司。因为股价崩盘风险计算基于上市公司特定的每周股票收益率数据，这些数据要从指数回归模型的残差中获得和处理，为确保指数模型结果的可靠性，回归至少需要30周的股票收益率数据，因此，我们排除了每年少于30周股票收益率数据的上市公司。另外，通过对上市公司年报的人工审查，获得了本章所需的精准扶贫数据。具体而言，根据年度报告中社会责任部分的准确扶贫报告，收集上市公司过去一年精准扶贫的数据，收集精准扶贫的类别。其余的数据来自中国证券市场和会计研究数据库（CSMAR）。经过上述处理，最终得到了4872个样本观测值。同时，为保证数据有效性，消除异常样本对测试结果的影响，本章还对所有连续变量进行了1%水平上的Winsorize处理。

二、变量定义与模型设定

（一）被解释变量

本章以股价崩盘风险（Crashrisk）作为因变量。根据哈顿、马科斯和特兰尼安（Hutton, Marcus and Tehranian, 2009），奇姆、李和张（Kim, Li and Zhang, 2011a, 2011b）的做法，对变量股价崩盘风险的计算过程如下：

第一步，求出股票i在第t周的公司特有收益为 $W_{i,t} = \ln(1+\varepsilon_{i,t})$，$\varepsilon_{i,t}$是式（6-1）回归的残差项。

$$R_{i,t} = \beta_0 + \beta_1 R_{m,t-2} + \beta_2 R_{m,t-1} + \beta_3 R_{m,t} + \beta_4 R_{m,t+1} + \beta_5 R_{m,t+2} + \varepsilon_{i,t} \tag{6-1}$$

在式（6-1）中，$R_{i,t}$表示股票i第t周考虑现金红利再投资的收益率，$R_{m,t}$表示A股市场所有股票在第t周经流通市值加权的平均收益率。

第二步，根据得到的 $W_{i,t}$，构造式（6-2）和式（6-3）两个衡量上市公司股价崩盘风险的变量：

其一，负收益偏态系数（$NCSKEW_{i,t}$）：

$$NCSKEW_{i,t} = \frac{-[n(n-1)^{3/2}\sum W_{i,t}^3]}{[(n-1)(n-2)(\sum W_{i,t}^2)^{3/2}]} \quad (6-2)$$

在式（6-2）中，n 表示股票 i 在第 t 年内交易的周数。

其二，收益上下波动比率（$DUVOL_{i,t}$）：

$$DUVOL_{i,t} = \log\frac{[(n_{up}-1)\sum_{Down}W_{i,t}^2]}{[(n_{down}-1)\sum_{Up}W_{i,t}^2]} \quad (6-3)$$

在式（6-3）中，n_{up}和n_{down}分别表示股票 i 的周特有收益 $W_{i,t}$大于或小于年平均收益的 W_i 周数。$NCSKEW_{i,t}$和 $DUVOL_{i,t}$的数值越大，表示公司股价崩盘风险越高。

（二）解释变量

本章中的解释变量是精准扶贫参与度变量。我们采用两种方法衡量上市公司参与精准扶贫的程度：第一种方法，确定上市公司是否参与精准扶贫（Poverty），该变量为虚拟变量——当上市公司参与精确扶贫时，其值为 1，否则为 0；第二种方法，参与精确扶贫的规模（Ln_Poverty），可利用某年某上市公司精确扶贫投入金额的自然对数进行计量。

（三）中介变量：调节变量和控制变量

1. 中介变量

本章引入两个中介变量检验精准扶贫对股价崩盘风险的中介路径：一个是会计信息透明度（Tran）变量，另一个是过度投资（Over-invest）变量。

（1）参考巴塔查里亚、道克和维尔克（Bhattacharya，Daouk and Welker，2003）的做法，本章基于盈余激进度（EA）和盈余平滑度（ES）衡量信息透明度（Tran）展开研究。具体而言，盈余激进度（EA）根据公式 $EA_{i,t} = ACC_{i,t}/Asset_{i,t-1}$ 计算。而在该公式中，$ACC_{i,t} = \Delta CA_{i,t} - \Delta CL_{i,t} - \Delta Cash_{i,t} + \Delta STD_{i,t} - DEP_{i,t} + \Delta TP_{i,t}$，其中，$ACC_{i,t}$表示

应计项目，$\Delta CA_{i,t}$表示流动资产变化额，$\Delta CL_{i,t}$表示流动负债变化额，$\Delta Cash_{i,t}$表示货币资金变化额，$\Delta STD_{i,t}$表示一年内到期的长期负债变化额，$DEP_{i,t}$表示计提的固定资产折旧额和无形资产摊销额，$\Delta TP_{i,t}$表示应交税费变化额，$Asset_{i,t-1}$表示 t - 1 年末总资产。

计算盈余平滑度：$ES_{i,t} = \frac{SD(CFO_{i,t-3}/Asset_{i,t-4}, CFO_{i,t-2}/Asset_{i,t-3}, CFO_{it-1}/Asset_{i,t-2}, CFO_{i,t}/Asset_{i,t-1})}{SD(NI_{i,t-3}/Asset_{i,t-4}, NI_{i,t-2}/Asset_{i,t-3}, NI_{i,t-1}/Asset_{i,t-2}, NI_{i,t}/Asset_{i,t-1})}$，其中，SD 表示计算括号内标准差的符号，CFO 表示经营活动现金流，NI 表示净利润，Asset 表示期末总资产。

按如下方法计算会计信息透明度：$Tran_{i,t} = \frac{Deciles(EA_{i,t}) + Deciles(ES_{i,t})}{2}$，其中，Deciles 表示计算括号内的十分位数，$Tran_{i,t}$数值分布在［1，10］区间，数值越大表明会计信息越透明。

（2）参考里查德森（Richardson，2006）的做法，本章按照如下方法衡量过度投资（Over-invest）：

$$Invest_{i,t} = \beta_0 + \beta_1 Growth_{i,t-1} + \beta_2 Size_{i,t-1} + \beta_3 Lev_{i,t-1} + \beta_4 Cash_{i,t-1} + \beta_5 Age_{i,t-1} + \beta_6 Ret_{i,t-1} + \beta_7 Invest_{i,t-1} + \sum Ind + \sum Year + \varepsilon_{i,t} \quad (6-4)$$

在式（6 - 4）中，$Invest_{i,t}$表示上市公司 i 在第 t 年度的新增投资，用现金流量表中“购买固定资产、无形资产和其他长期资产的现金”除以该期间开始时的总资产计算；$Growth_{i,t-1}$表示上市公司 i 在第 t - 1 年度的增长，用“主营业务收入增长率”计算；$Size_{i,t-1}$表示上市公司 i

在第 t-1 年度末总资产的自然对数；$Lev_{i,t-1}$表示上市公司 i 在第 t-1 年末的杠杆比率；$Cash_{i,t-1}$表示上市公司 i 在第 t-1 年末的现金和现金等价物；$Age_{i,t-1}$表示上市公司 i 在第 t-1 年末的上市年龄；$Ret_{i,t-1}$表示上市公司 i 在 t-1 年末经市场调整的每月股票回报率。回归模型的残差 i 表示过度投资水平，当 $\varepsilon_{i,t}>0$ 时，上市公司 i 的过度投资水平为 $\varepsilon_{i,t}$，当 $\varepsilon_{i,t}<0$ 时，上市公司 i 的过度投资水平为 0。

2. **调节变量**

本章引入内部控制（IC）作为调节变量，分析不同内部控制环境下精准扶贫对股价崩盘风险的影响差异。具体采用迪博内部控制指数反映上市公司内部控制质量，该指数是在借鉴国外相关内部控制指标研究成果的基础上，结合中国相关制度环境和具有内部控制制度的中国上市公司的现状编制的。指标的设计，基于内部控制五大目标的实现。同时，构建了反映上市公司内部控制水平和风险控制能力的基本内部控制指标。本章使用该指标的自然对数反映内部控制效率。

3. **控制变量**

参考既有研究，本章还引入了若干对公司股价崩盘可能产生影响的控制变量。

下文列出了本章研究使用的各个被解释变量、解释变量、中介变量、调节变量和控制变量的计算过程。变量定义，见表 6-1。

表 6-1　　变量定义

变量类型	变量名称	变量符号	计算方法
被解释变量	股价崩盘风险（$Crashrisk_{i,t}$）	$NCSKEW_{i,t+1}$	第 t+1 年上市公司 i 的负收益偏态系数
		$DUVOL_{i,t+1}$	第 t+1 年上市公司 i 的收益上下波动比率
解释变量	精准扶贫参与度（$PART\_APA_{i,t}$）	$Poverty_{i,t}$	参与精准扶贫指标，当上市公司 i 第 t 年参与精准扶贫，取值为 1，否则，取值为 0
		$Ln\_Poverty_{i,t}$	精准扶贫投入额指标，上市公司 i 第 t 年在精准扶贫上投入金额的自然对数

续表

变量类型	变量名称	变量符号	计算方法
中介变量	信息透明度	$Tran_{i,t}$	基于盈余激进度（EA）和盈余平滑度（ES）计算的上市公司 i 第 t 年的信息透明度
	过度投资	$Over\text{-}invest_{i,t}$	基于里查德森（Richardson，2006）模型计算的上市公司 i 在第 t 年的过度投资程度
调节变量	内部控制	$IC_{i,t}$	上市公司 i 第 t 年的迪博内部控制指数的自然对数
控制变量	负收益偏态系数	$NCSKEW_{i,t}$	上市公司 i 第 t 年的负收益偏态系数
	收益上下波动比率	$DUVOL_{i,t}$	上市公司 i 第 t 年的收益上下波动比率
	月平均超额换手率	$DTurn_{i,t}$	上市公司 i 第 t 年与第 t-1 年的股票月平均换手率之差
	周特有收益率均值	$Ret_{i,t}$	上市公司 i 第 t 年的平均周特有收益率
	周特有收益率标准差	$Sigma_{i,t}$	上市公司 i 第 t 年的周特有收益率的标准差
	资产负债率	$Lev_{i,t}$	上市公司 i 第 t 年的期末负债总额/期末总资产
	上市公司规模	$Size_{i,t}$	上市公司 i 第 t 年的期末总资产的自然对数值
	上市公司成长机会	$Growth_{i,t}$	上市公司 i 第 t 年的主营业务收入增长率
	上市公司上市年龄	$Age_{i,t}$	上市公司 i 第 t 年末的年龄
	账市比	$Mb_{i,t}$	上市公司 i 第 t 年的期末净资产/（t 年期末股价×流通股股数+每股净资产×非流通股股数）
	总资产收益率	$Roa_{i,t}$	上市公司 i 第 t 年的净利润/总资产
	股权集中度	$First_{i,t}$	上市公司 i 第 t 年的第一大股东持股比例
	固定资产净额占比	$Ppe_{i,t}$	上市公司 i 第 t 年期末的固定资产净额/总资产

续表

变量类型	变量名称	变量符号	计算方法
控制变量	无形资产净额占比	$Int_{i,t}$	上市公司 i 第 t 年期末的无形资产净额/总资产
	年度变量	Year	以中国证监会 2012 年行业分类为标准，设置行业哑变量，属于该行业为 1，否则为 0
	行业变量	Ind	年度哑变量，属于该年度为 1，否则为 0

资料来源：笔者根据本章变量定义的方法整理而得。

（四）模型设定

为检验上市公司参与精确扶贫对未来股价崩盘风险可能产生的影响，本章建立了式（6－5）。

$$\begin{aligned} Crashrisk_{i,t+1} = {} & \beta_0 + \beta_1 PART\_APA_{i,t} + \beta_2 Crashrisk_{i,t} + \beta_3 Dturn_{i,t} \\ & + \beta_4 Ret_{i,t} + \beta_5 Sigma_{i,t} + \beta_6 Lev_{i,t} + \beta_7 Size_{i,t} \\ & + \beta_8 Growth_{i,t} + \beta_9 Age_{i,t} + \beta_{10} Mb_{i,t} + \beta_{11} Roa_{i,t} \\ & + \beta_{12} First_{i,t} + \beta_{13} Ppe_{i,t} + \beta_{14} Int_{i,t} + \sum Year \\ & + \sum Ind + \varepsilon \end{aligned} \tag{6-5}$$

在式（6－5）中，被解释变量为股价崩盘风险（$Crashrisk_{i,t+1}$），使用负收益偏态系数（$NCSKEW_{i,t+1}$）和收益上下波动比（$DUVOL_{i,t+1}$）衡量；解释变量为精准扶贫参与度（$PART\_APA_{i,t}$），使用参与精准扶贫指标（$Poverty_{i,t}$）和精准扶贫投入额指标（$Ln\_Poverty_{i,t}$）衡量。本章在解释变量和被解释变量之间设置了一年的滞后期，以检验第 t 年的 $PART\_APA_{i,t}$ 能否预测第 t＋1 年的股价崩盘风险。

同时，本章还控制了若干个在既有研究中被证实的会影响未来股价崩盘风险的因素。首先，通过控制股价崩盘风险的滞后值，考虑样本公司 NCSKEW 或 DUVOL 的潜在序列相关性；其次，根据相关文献（Hutton，Marcus and Tehranian，2009；Kim，Li and Zhang，2011），对股票周转率（$Dturn_{i,t}$）、股票收益率（$Ret_{i,t}$）和收益波动率（$Sigma_{i,t}$）进行了控制；最后，根据相关文献，我们还控制了上市公司的一些特征变量，如杠杆比率（$Lev_{i,t}$）、上市公司规模（$Size_{i,t}$）、上市公司成长（$Growth_{i,t}$）、上市公司年龄（$Age_{i,t}$）、市净率（$Mb_{i,t}$）、资产收益率（$Roa_{i,t}$）、股权集中度（$First_{i,t}$）、净固定资产比率（$Ppe_{i,t}$）、净无形资产比率（$Int_{i,t}$）等。

第四节 实证结果及实证分析

一、描述性统计结果与实证分析

各主要变量的描述性统计结果，见表 6-2。表 6-2 列示了模型回归中主要变量的描述性统计结果。从表中可以看到，参与精准扶贫指标（$Poverty_{i,t}$）的均值为 0.289，这表明 2016~2018 年中国上市公司中有 28.9% 的样本公司参与了精准扶贫工作；同时，精准扶贫投入额指标（$Ln\_Poverty_{i,t}$）的均值为 4.007，标准差为 6.381，这表明参与精确扶贫的上市公司在资金投入上存在较大差异。此外，$NCSKEW_{i,t+1}$ 和 $DUVOL_{i,t+1}$ 的均值分别为 -0.263 和 -0.164，表明本章的样本上市公司存在轻微的正偏态收益分布。同时，其他各主要变量的描述性统计结果与既有研究基本一致。

表 6-2　　各主要变量的描述性统计结果

变量	均值	标准差	最小值	1/4 分位数	中值	3/4 分位数	最大值
$NCSKEW_{i,t+1}$	-0.263	0.803	-2.450	-0.679	-0.238	0.156	1.938
$DUVOL_{i,t+1}$	-0.164	0.505	-1.288	-0.493	-0.178	0.158	1.142

续表

变量	均值	标准差	最小值	1/4 分位数	中值	3/4 分位数	最大值
$Poverty_{i,t}$	0.289	0.454	0	0	0	1	1
$Ln\_Poverty_{i,t}$	4.007	6.381	0	0	0	11.608	18.207
$Dturn_{i,t}$	-0.247	0.531	-0.814	-0.559	-0.386	-0.108	1.848
$IC_{i,t}$	6.469	0.158	5.756	6.428	6.494	6.546	6.702
$Ret_{i,t}$	-0.002	0.006	-0.016	-0.005	-0.002	0.002	0.013
$Sigma_{i,t}$	0.044	0.016	-0.017	0.033	0.042	0.053	0.099
$Lev_{i,t}$	0.468	0.190	0.083	0.326	0.472	0.606	0.886
$Size_{i,t}$	20.795	1.727	16.182	19.794	20.727	21.803	25.283
$Growth_{i,t}$	0.332	2.522	-0.502	0.010	0.127	0.305	2.792
$Age_{i,t}$	14.186	6.510	4	8	14	20	28
$Mb_{i,t}$	3.452	21.509	0.543	1.426	2.284	3.578	13.163
$Roa_{i,t}$	0.049	0.071	-0.177	0.027	0.047	0.075	0.213
$First_{i,t}$	0.334	0.147	0.085	0.218	0.313	0.428	0.731
$Ppe_{i,t}$	0.219	0.173	0.002	0.084	0.180	0.316	0.723
$Int_{i,t}$	0.050	0.067	0.000	0.017	0.034	0.057	0.374

资料来源：笔者根据本章使用的样本数据运用 Stata 14.0 软件描述统计而得。

二、多元回归结果与实证分析

本章前文的假设 6-1a 预测，如果上市公司为了股东利益而参与精准扶贫工作，那么，精准扶贫参与度与未来的股价崩盘风险负相关；假设 6-1b 预测，如果上市公司为了管理者利益而参与精准扶贫，那么，精准扶贫参与度与未来的股价崩盘风险正相关。精准扶贫参与度对股价崩盘风险影响的回归分析，见表 6-3。表 6-3 列示了检验假设 6-1a 和假设 6-1b 的多元回归分析，在第（1）列中，

$NCSKEW_{i,t+1}$作为$Crash_{i,t+1}$的代理变量，$Poverty_{i,t}$的系数在1%的水平上显著为负（-0.069）；同时，在第（3）列中，$DUVOL_{i,t+1}$作为$Crash_{i,t+1}$的代理变量，$Poverty_{i,t}$的系数也在1%的水平上显著为负（-0.049）。这意味着，参与精准扶贫的上市公司，在下一年的股价崩盘风险更低。此外，在表6-3的第（2）列中，$NCSKEW_{i,t+1}$作为$Crash_{i,t+1}$的代理变量，$Ln_Poverty_{i,t}$的系数在5%的水平上显著为负（-0.005）；同时，在第（4）列中，$DUVOL_{i,t+1}$作为$Crash_{i,t+1}$的代理变量，$Ln_Poverty_{i,t}$的系数在1%的水平上显著为负（-0.003）。这意味着，在精准扶贫方面投入更多的上市公司，在下一年的股价崩盘风险更低。总体而言，上述结果表明，中国上市公司参与精准扶贫对股东有利，降低了公司股价崩盘风险，有力地支持了假设6-1a。同时，即使在控制了其他潜在的影响崩盘风险的因素后（Hutton，Marcus and Tehranian，2009；J. Chen，H. Hong and J. C. Stein，2011），上述结果仍然成立。

表6-3　　精准扶贫参与度对股价崩盘风险影响的回归分析

变量	$Crashrisk_{i,t}=NCSKEW_{i,t+1}$		$Crashrisk_{i,t}=DUVOL_{i,t+1}$	
	(1)	(2)	(3)	(4)
$Poverty_{i,t}$	-0.069*** (-2.56)	—	-0.049*** (-2.90)	—
$Ln\_Poverty_{i,t}$	—	-0.005** (-2.46)	—	-0.003*** (-2.83)
$NCSKEW_{i,t}$	0.030** (2.06)	0.030** (2.07)	—	—
$DUVOL_{i,t}$	—	—	0.034** (2.42)	0.034*** (2.42)
$Dturn_{i,t}$	-0.024 (-0.92)	-0.024 (-0.91)	-0.028* (-1.73)	-0.028* (-1.72)
$Ret_{i,t}$	12.036*** (5.70)	12.037*** (5.70)	9.421*** (7.07)	9.422*** (7.07)

续表

变量	$Crashrisk_{i,t}=NCSKEW_{i,t+1}$		$Crashrisk_{i,t}=DUVOL_{i,t+1}$	
	(1)	(2)	(3)	(4)
$Sigma_{i,t}$	-2.857*** (-2.97)	-2.854*** (-2.97)	-2.390*** (-3.96)	-2.390*** (-3.96)
$Lev_{i,t}$	-0.173** (-2.50)	-0.172* (-2.49)	-0.079* (-1.83)	-0.079* (-1.81)
$Size_{i,t}$	0.029*** (2.85)	0.030*** (2.90)	0.013* (1.95)	0.013** (2.04)
$Growth_{i,t}$	-0.001 (-0.22)	-0.001 (-0.22)	0.002 (0.83)	0.002 (0.83)
$Age_{i,t}$	-0.005** (-2.50)	-0.005*** (-2.56)	-0.002 (-1.44)	-0.002 (-1.49)
$Mb_{i,t}$	0.001 (1.46)	0.001 (1.46)	0.001 (0.95)	0.001 (0.96)
$Roa_{i,t}$	0.513*** (3.01)	0.514** (3.02)	0.190* (1.78)	0.191* (1.79)
$First_{i,t}$	-0.153* (-1.89)	-0.153* (-1.89)	-0.119** (-2.33)	-0.119** (-2.33)
$Ppe_{i,t}$	-0.305*** (-3.46)	-0.310*** (-3.51)	-0.148*** (-2.66)	-0.151*** (-2.72)
$Int_{i,t}$	-0.086 (-0.50)	-0.089 (-0.52)	-0.091 (-0.85)	-0.093 (-0.86)
Intercept	-0.458** (-2.19)	-0.473* (-2.25)	-0.164 (-1.25)	-0.176 (-1.33)
Ind/Year	控制	控制	控制	控制
观测值数	4872	4872	4872	4872
Adj. R^2	0.017	0.017	0.019	0.019

注：括号内是对标准误进行异方差稳健处理及公司层面群聚调整后的 t 值，***、**、*分别表示在 1%、5%和 10%的水平上显著。"—"表示无数据。

资料来源：笔者根据相关样本数据运用 Stata 14.0 软件对式（6-5）回归分析而得。

第五节　稳健性检验与拓展性分析

一、考虑内生性的进一步检验

上述分析表明，上市公司的精准扶贫参与行为和一年后股价崩盘风险之间存在负相关关系。然而，为保证结论的可靠性，还应考虑内生性带来的影响。在此，本章使用如下方法控制内生性。

（一）系统广义矩估计法（SYS－GMM）

从表6－3可以看出，衡量股票价格崩盘风险的两个变量具有高序列相关性。因此，我们对式（6－4）进行调整，并建立了一个动态面板数据模型（仅以 $Crashrisk_{i,t}$ 的一期滞后形式为工具变量，其他解释变量、控制变量取 t+1 期值）。随后，我们进行了系统广义矩估计测试（SYS－GMM）。精准扶贫参与度对股价崩盘风险影响的 SYS－GMM 回归分析，见表6－4。从表6－4中可以看到，各栏中阿里拉诺－邦德检验（Arellano－Bond test）的 AR(1) 值为0.000，AR(2) 值均远大于0.100。这说明，随机误差项差分存在一阶序列相关但不存在二阶序列相关，构建动态面板数据模型是合理的；同时，萨根检验（Sargan test）的 p 值都大于0.100，说明工具变量不存在过度识别，没有理由拒绝工具变量的有效性。此外，从回归结果看，第（1）列和第（3）列中参与精准扶贫变量（$Poverty_{i,t+1}$）的回归系数仍然显著为负，第（2）列和第（4）列中精准扶贫投入金额变量（$Ln\_Poverty_{i,t+1}$）的回归系数显著为负，这表明本章前文的检验结果是稳健的。

表 6-4　精准扶贫参与度对股价崩盘风险影响的 SYS-GMM 回归分析

变量	$Crashrisk_{i,t}=NCSKEW_{i,t+1}$		$Crashrisk_{i,t}=DUVOL_{i,t+1}$	
	(1)	(2)	(3)	(4)
$Poverty_{i,t+1}$	-0.021* (-1.76)	—	-0.014* (-1.81)	—
$Ln\_Poverty_{i,t+1}$	—	-0.002* (-1.83)	—	-0.002* (-1.89)
$NCSKEW_{i,t}$	0.054*** (3.39)	0.054** (3.39)	—	—
$DUVOL_{i,t}$	—	—	0.068*** (4.62)	0.068*** (4.62)
$Dturn_{i,t+1}$	0.156*** (5.98)	0.156*** (5.97)	0.116*** (6.89)	0.116*** (6.89)
$Ret_{i,t+1}$	-16.918*** (-7.93)	-16.934*** (-7.94)	-14.641*** (-10.62)	-14.645*** (-10.63)
$Sigma_{i,t+1}$	-10.017*** (-10.47)	-10.010*** (-10.46)	-6.349*** (-10.28)	-6.347*** (-10.28)
$Lev_{i,t+1}$	0.102 (1.46)	0.102 (1.45)	0.088* (1.94)	0.088* (1.94)
$Size_{i,t+1}$	-0.002 (-0.21)	-0.003 (-0.28)	-0.010 (-1.56)	-0.011 (-1.58)
$Growth_{i,t+1}$	0.004 (0.85)	0.004 (0.86)	0.002 (0.51)	0.002 (0.51)
$Age_{i,t+1}$	0.001 (0.15)	0.001 (0.13)	0.001 (0.85)	0.001 (0.84)
$Mb_{i,t+1}$	0.001 (0.93)	0.001 (0.93)	0.001 (1.33)	0.001 (1.33)
$Roa_{i,t+1}$	-0.001 (-0.04)	-0.001 (-0.04)	0.036 (0.32)	0.036 (0.31)

续表

变量	$Crashrisk_{i,t}=NCSKEW_{i,t+1}$		$Crashrisk_{i,t}=DUVOL_{i,t+1}$	
	(1)	(2)	(3)	(4)
$First_{i,t+1}$	-0.179** (-2.21)	-0.180** (-2.21)	-0.118** (-2.25)	-0.118** (-2.26)
$Ppe_{i,t+1}$	-0.043 (-0.49)	-0.042 (-0.47)	0.069 (1.19)	0.068 (1.20)
$Int_{i,t+1}$	-0.090 (-0.52)	-0.092 (-0.52)	-0.130 (-1.16)	-0.130 (-1.17)
Intercept	0.251 (1.19)	0.263 (1.24)	0.296** (2.17)	0.301** (2.19)
Ind/Year	控制	控制	控制	控制
观测值数	4636	4636	4636	4636
Chi-square statistics	108.78	106.62	115.29	116.40
AR(1) P value	0.000	0.000	0.000	0.000
AR(2) P value	0.226	0.223	0.283	0.286
Sargan P value	0.318	0.315	0.392	0.396

注：括号内是对标准误进行异方差稳健处理及公司层面群聚调整后的 z 值，***、**、*分别表示在 1%、5%和 10%的水平上显著。“—”表示无数据。

资料来源：笔者根据相关样本数据运用 Stata 14.0 软件对式（6-5）系统广义矩估计回归分析而得。

（二）赫克曼（Heckman）自选择模型回归、倾向得分匹配法（PSM）和工具变量两阶段回归（IV-2SLS）

本章采用了 Heckman 自选择模型和倾向得分匹配（PSM）模型解决参与精准扶贫（$Poverty_{i,t}$）和崩溃风险（$Crashrisk_{i,t+1}$）变量之间的内生性问题。原因在于，参与精准扶贫变量是一个 0～1 变量，当公司参与精准扶贫时，取值为 1，否则取值为 0。前文分析的一个潜在问题是自选择问题，公司是否参与精准扶贫可能取决于其自身特征，这使得参与精准扶贫的公司样本并非随机。为此，我们采取了 Heckman 自选择模型和倾向得分匹配（PSM）模型处理这一自选择问题，相应结果报告于表 6-5 的第（1）栏~第（4）栏。

本章还采用了工具变量两阶段回归方法（IV-2SLS）解决精准扶贫规模（$Ln\_Poverty_{i,t}$）和股价崩盘风险（$Crashrisk_{i,t+1}$）之间的内生性问题。参考既有研究的做法（Kim，H. D. Li and S. Q. Li，2014；E. S. Ghoul，O. Guedhami，C. C. Y. Kwok and D. R. Mishra，2011），本章使用同一行业中其他公司的精准扶贫投入金额变量（$Ln\_Poverty_{i,t}$）作为工具变量，进行两阶段回归，表 6-5 的第（5）列~第（6）列报告了工具变量两阶段回归的第二阶段回归的结果。

从表 6-5 第（1）列~第（6）列的结果可以看出，参与精准扶贫变量（$Poverty_{i,t}$）和精准扶贫投入金额变量（$Ln\_Poverty_{i,t}$）的系数仍然显著为负，这表明，在控制内生性之后，精准扶贫与公司股价崩盘风险之间的负相关关系仍然存在。

总而言之，考虑到可能的内生性，Heckman 自选择模型、PSM 法和 IV-2SLS 法都支持本章前文的结论，即参与精准扶贫活动可以降低中国上市公司股价崩盘风险，这一结论在统计学上是可靠的。

表 6-5　精准扶贫参与度对股价崩盘风险的回归分析（Heckman，PSM 和 IV-2SLS）

变量	Heckman		PSM		IV-2SLS	
	$Crashrisk_{i,t}$ = $NCSKEW_{i,t+1}$	$Crashrisk_{i,t}$ = $DUVOL_{i,t+1}$	$Crashrisk_{i,t}$ = $NCSKEW_{i,t+1}$	$Crashrisk_{i,t}$ = $DUVOL_{i,t+1}$	$Crashrisk_{i,t}$ = $NCSKEW_{i,t+1}$	$Crashrisk_{i,t}$ = $DUVOL_{i,t+1}$
	(1)	(2)	(3)	(4)	(5)	(6)
$Poverty_t$	-0.292** (-2.09)	-0.199** (-2.34)	-0.064** (-2.32)	-0.043** (-2.54)	—	—
$Ln\_Poverty_t$	—	—	—	—	-0.003* (-1.78)	-0.002* (-1.95)

续表

变量	Heckman		PSM		IV-2SLS	
	$Crashrisk_{i,t}$ = $NCSKEW_{i,t+1}$	$Crashrisk_{i,t}$ = $DUVOL_{i,t+1}$	$Crashrisk_{i,t}$ = $NCSKEW_{i,t+1}$	$Crashrisk_{i,t}$ = $DUVOL_{i,t+1}$	$Crashrisk_{i,t}$ = $NCSKEW_{i,t+1}$	$Crashrisk_{i,t}$ = $DUVOL_{i,t+1}$
	(1)	(2)	(3)	(4)	(5)	(6)
Control	控制	控制	控制	控制	控制	控制
Ind/Year	控制	控制	控制	控制	未控制	未控制
观测值数	4628	4628	2478	2478	4826	4826
Wald chi^2/ Adj. R^2/R^2	130.26	132.19	0.014	0.016	0.011	0.013

注：括号内是对标准误进行异方差稳健处理及公司层面群聚调整后的 t 值或 z 值，**、*分别表示在5%和10%的水平上显著。“—”表示无数据。

资料来源：根据相关样本数据运用 Stata 14.0 软件对式（6-5）进行 Heckman 两阶段回归分析、倾向得分匹配后回归分析、工具变量两阶段回归分析而得。

二、拓展性分析

（一）参与精准扶贫对上市公司股价崩盘风险影响的中介路径

以上检验结果证实了假设 6-1a，即中国上市公司参与精准扶贫反映了企业社会责任的股东利益取向，因此，参与精准扶贫的上市公司获得了更多股东的认可和支持，从而降低了股价崩盘风险。需要注意的是，在假设 6-1a 的基础上，本章认为，上市公司参与精准扶贫对股价崩盘风险的影响机制可能有两条路径：一是投资效率路径；二是信息路径。换而言之，参与精准扶贫的上市公司可能投资效率更高、信息质量更高，因此，会使买入这些上市公司股票的股东更稳定地持有，从而降低了股价崩盘风险。本节将进一步研究这两条中介路径。

1. 研究模型设计

为检验公司参与精准扶贫影响股价崩盘风险的中介路径，本章以巴龙和肯尼（Baron and Kenny，1986）的 Sobel 检验法为参考，在式（6－6）基础上建立式（6－7）和式（6－8）。

$$\begin{aligned} Crashrisk_{i,t+1} = {} & \beta_0 + \beta_1 PART\_APA_{i,t} + \beta_2 Crashrisk_{i,t} + \beta_3 Dturn_{i,t} \\ & + \beta_4 Ret_{i,t} + \beta_5 Sigma_{i,t} + \beta_6 Lev_{i,t} + \beta_7 Size_{i,t} \\ & + \beta_8 Growth_{i,t} + \beta_9 Age_{i,t} + \beta_{10} Mb_{i,t} + \beta_{11} Roa_{i,t} \\ & + \beta_{12} First_{i,t} + \beta_{13} Ppe_{i,t} + \beta_{14} Int_{i,t} + \sum Year \\ & + \sum Ind + \varepsilon \end{aligned} \tag{6-6}$$

$$\begin{aligned} M_{i,t} = {} & \beta_0 + \beta_1 PART\_APA_{i,t} + \beta_2 Lev_{i,t} + \beta_3 Size_{i,t} + \beta_4 Growth_{i,t} \\ & + \beta_5 Age_{i,t} + \beta_6 Mb_{i,t} + \beta_7 Roa_{i,t} + \beta_8 First_{i,t} + \sum Year \\ & + \sum Ind + \varepsilon \end{aligned} \tag{6-7}$$

$$\begin{aligned} Crashrisk_{i,t+1} = {} & \beta_0 + \beta_1 PART\_APA_{i,t} + \beta_2 M_{i,t} + \beta_3 Crashrisk_{i,t} \\ & + \beta_4 Dturn_{i,t} + \beta_5 Ret_{i,t} + \beta_6 Sigma_{i,t} + \beta_7 Lev_{i,t} \\ & + \beta_8 Size_{i,t} + \beta_9 Growth_{i,t} + \beta_{10} Age_{i,t} + \beta_{11} Mb_{i,t} \\ & + \beta_{12} Roa_{i,t} + \beta_{13} First_{i,t} + \beta_{14} Ppe_{i,t} + \beta_{15} Int_{i,t} \\ & + \sum Year + \sum Ind + \varepsilon \end{aligned} \tag{6-8}$$

在以上模型中，用过度投资（$Over\text{-}invest_{i,t}$）和信息透明度（$Tran_{i,t}$）来替代中介变量 $M_{i,t}$，其计算过程见表 6－1。

2. **回归结果分析**

精准扶贫参与度对股价崩盘风险影响的中介效应分析，见表 6－6。

表 6－6　　精准扶贫参与度对股价崩盘风险影响的中介效应分析

Panel A：精准扶贫参与度 PART_APA 与中介变量 M 的回归结果

变量	$PART\_APA = Poverty_{i,t}$		$PART\_APA = Ln\_Poverty_{i,t}$	
	$M = Over\text{-}invest_{i,t}$	$M = Tran_{i,t}$	$M = Over\text{-}invest_{i,t}$	$M = Tran_{i,t}$
	(1)	(2)	(3)	(4)
$Poverty_{i,t}$	－0.008** (－2.27)	0.025* (1.78)	—	—

续表

Panel A：精准扶贫参与度 PART_APA 与中介变量 M 的回归结果

变量	PART_APA = $Poverty_{i,t}$		PART_APA = $Ln\_Poverty_{i,t}$	
	M = $Over\text{-}invest_{i,t}$	M = $Tran_{i,t}$	M = $Over\text{-}invest_{i,t}$	M = $Tran_{i,t}$
	(1)	(2)	(3)	(4)
$Ln\_Poverty_{i,t}$	—	—	-0.002* (-1.94)	0.002** (2.05)
Control	控制	控制	控制	控制
Ind/Year	控制	控制	控制	控制
观测值数	4872	4872	4872	4872
Adj. R^2	0.162	0.026	0.162	0.026

Panel B：精准扶贫参与度 PART_APA 与股价崩盘风险 Crashrisk 之间关系的中介路径检验

变量	Crashrisk = $NCSKEW_{i,t+1}$				Crashrisk = $DUVOL_{i,t+1}$			
	$M_{i,t}$ = $Over\text{-}invset_{i,t}$		$M_{i,t}$ = $Tran_{i,t}$		$M_{i,t}$ = $Over\text{-}invset_{i,t}$		$M_{i,t}$ = $Tran_{i,t}$	
	(5)	(6)	(7)	(8)	(9)	(10)	(11)	(12)
$Poverty_{i,t}$	-0.064** (-2.43)	—	-0.063** (-2.36)	—	-0.045*** (-2.69)	—	-0.043*** (-2.59)	—
$Ln\_Poverty_{i,t}$	—	-0.004** (-2.33)	—	-0.004** (-2.26)	—	-0.003*** (-2.61)	—	-0.003** (-2.51)
$M_{i,t}$	0.042 (1.49)	0.042 (1.47)	-0.001* (-1.70)	-0.001* (-1.69)	0.045 (1.34)	0.044 (1.33)	-0.001*** (-2.86)	-0.001*** (-2.86)
Control	控制	控制	控制	控制	控制	控制	控制	控制
Ind/Year	控制	控制	控制	控制	控制	控制	控制	控制
观测值数	4872	4872	4872	4872	4872	4872	4872	4872
Adj. R^2	0.017	0.017	0.017	0.017	0.019	0.019	0.020	0.020
Sobel - Z Value	1.25	1.24	—	—	1.10	1.09	—	—

注：括号内是对标准误进行异方差稳健处理及公司层面群聚调整后的 t 值，***、**、*分别表示在 1%、5% 和 10% 的水平上显著。“—”表示无数据。

资料来源：根据相关样本数据运用 Stata 14.0 软件对式（6-6）、式（6-7）回归分析而得。

首先，Panel A 中列示了精准扶贫参与度指标（PART_APA）和两个中介变量（$Over\text{-}invest_{i,t}$和 $Tran_{i,t}$）的回归结果。可以看到，第（1）列和第（3）列的回归系数显著为负。这表明，无论使用参与精准扶贫（$Poverty_{i,t}$）还是使用精准扶贫投入金额（$Ln\_Poverty_{i,t}$）衡量精准扶贫参与度指标（PART_APA），其都与过度投资（$Over\text{-}invest_{i,t}$）显著负相关，即更多参与精准扶贫的上市公司过度投资程度更低、投资效率更高。与此同时，第（2）列和第（4）列的回归系数显著为正。这表明，无论使用参与精准扶贫（$Poverty_{i,t}$）还是使用精准扶贫投入金额（$Ln\_Poverty_{i,t}$）衡量精准扶贫参与度指标（PART_APA），其都与信息透明度（$Tran_{i,t}$）显著正相关，即更多参与精准扶贫的上市公司信息透明度更高。

其次，Panel B 列示了精准扶贫参与度指标（PART_APA）、两个中介变量（$Over\text{-}invest_{i,t}$和 $Tran_{i,t}$）和股价崩盘风险指标（Crashrisk）的回归结果，以检验公司精准扶贫参与度和股价崩盘风险之间关系的中介路径。一方面，可以看到，在第（5）列、第（6）列、第（9）列、第（10）列中，无论使用负收益偏态系数（$NCSKEW_{i,t+1}$）还是使用收益上下波动比（$DUVOL_{i,t+1}$）衡量股价崩盘风险（Crashrisk），测试的中介变量过度投资（$Over\text{-}invest_{i,t}$）与其相关系数都不显著，而与此同时，两个衡量精准扶贫参与度的指标（$Poverty_{i,t}$和 $Ln\_Poverty_{i,t}$）都与两个衡量股价崩盘风险的指标（$NCSKEW_{i,t+1}$和 $DUVOL_{i,t+1}$）显著负相关，这意味着需要借助 Sobel 检验判断中介效应。而随后的 Sobel 检验结果显示，第（5）列、第（6）列、第（9）列、第（10）列最后一行的 z 值分别为 1.25、1.24、1.10 和 1.09。综上所述，可以判断过度投资（$Over\text{-}invest_{i,t}$）在精准扶贫参与度和股价崩盘风险之间的中介效应是显著的，这说明参与精准扶贫的公司因投资效率更高（过度投资水平更低）而崩盘风险更低。另一方面，可以看到，在第（7）列、第（8）列、第（11）列、第（12）列中，测试的中介变量信息透明度（$Tran_{i,t}$）与衡量股价崩盘风险的两个变量（$NCSKEW_{i,t+1}$和 $DUVOL_{i,t+1}$）均显著负相关，而与此同时，两个衡量精准扶贫参与度的指标

（$Poverty_{i,t}$和$Ln_Poverty_{i,t}$）也都与两个衡量股价崩盘风险的指标（NCSKEW$_{i,t+1}$和$DUVOL_{i,t+1}$）显著负相关。根据这些结果可以判断，信息透明度（$Tran_{i,t}$）在精准扶贫参与度和股价崩盘风险之间的中介效应也是显著的，即参与精准扶贫的公司因信息透明度更高而降低了股价崩盘风险。

至此，本章欲检验的上市公司参与精确扶贫与降低股价崩盘风险之间关系的两个中介路径都已得到验证。

（二）内部控制对参与精准扶贫影响公司股价崩盘风险关系的调节效应

1. 研究模型设计

为检验内部控制环境对上市公司参与精准扶贫与股价崩盘风险关系的影响，本章在式（6－6）的基础上构建了检验内部控制变量的调节效应的式（6－9）。

$$
\begin{aligned}
Crashrisk_{i,t+1} = {} & \beta_0 + \beta_1 PART\_APA_{i,t} + \beta_2 IC_{i,t} \\
& + \beta_3 PART\_APA_{i,t} \times IC_{i,t} + \beta_4 Crashrisk_{i,t} \\
& + \beta_5 Dturn_{i,t} + \beta_6 Ret_{i,t} + \beta_7 Sigma_{i,t} + \beta_8 Lev_{i,t} \\
& + \beta_9 Size_{i,t} + \beta_{10} Growth_{i,t} + \beta_{11} Age_{i,t} + \beta_{12} Mb_{i,t} \\
& + \beta_{13} Roa_{i,t} + \beta_{14} First_{i,t} + \beta_{15} Ppe_{i,t} + \beta_{16} Int_{i,t} \\
& + \sum Year + \sum Ind + \varepsilon
\end{aligned}
\tag{6-9}
$$

在式（6－9）中，加入了内部控制变量（$IC_{i,t}$）、内部控制变量和参与精准扶贫变量的交叉项（$IC_{i,t} \times PART\_APA_{i,t}$）。其中，内部控制变量（$IC_{i,t}$）的计算过程见表6－1。

2. 回归结果分析

内部控制对参与精准扶贫和股价崩盘风险关系的调节效应检验结果，见表6－7。

首先，可以看到，无论是Panel A（用参与精准扶贫变量$Poverty_{i,t}$作为PART_APA的代理变量）还是Panel B（用精准扶贫投入金额变量

$Ln_Poverty_{i,t}$作为 PART_APA 的代理变量）中，第（5）列、第（6）列两种衡量股价崩盘风险（$NCSKEW_{i,t+1}$和 $DUVOL_{i,t+1}$），当期情况下，交叉项 $PART\_APA_{i,t} \times IC_{i,t}$ 的系数都显著为正，与精准扶贫参与度指标（$PART\_APA_{i,t}$）的负相关系数在方向上是相反的。

表 6－7　内部控制对参与精准扶贫和股价崩盘风险关系的调节效应检验结果

Panel A：$PART\_APA = Poverty_{i,t}$

变量	低内部控制组		高内部控制组		全样本	
	$NCSKEW_{i,t+1}$	$DUVOL_{i,t+1}$	$NCSKEW_{i,t+1}$	$DUVOL_{i,t+1}$	$NCSKEW_{i,t+1}$	$DUVOL_{i,t+1}$
	(1)	(2)	(3)	(4)	(5)	(6)
$PART\_APA_{i,t}$	-0.091** (-2.25)	-0.074*** (-2.99)	-0.045 (-1.26)	-0.022 (-0.95)	-2.043** (2.01)	-1.247* (-1.95)
$IC_{i,t}$	—	—	—	—	-0.023 (-0.26)	-0.006 (-0.19)
$PART\_APA_{i,t} \times IC_{i,t}$	—	—	—	—	0.305* (1.94)	0.185* (1.78)
Control	控制	控制	控制	控制	控制	控制
观测值数	2436	控制	2436	2436	4872	4872
Adj. R^2	0.015	2436	0.036	0.039	0.018	0.020
F - Value	3.66	0.018	7.49	8.10	6.52	7.07

Panel A：$PART\_APA = Poverty_{i,t}$

变量	低内部控制组		高内部控制组		全样本	
	$NCSKEW_{i,t+1}$	$DUVOL_{i,t+1}$	$NCSKEW_{i,t+1}$	$DUVOL_{i,t+1}$	$NCSKEW_{i,t+1}$	$DUVOL_{i,t+1}$
	(1)	(2)	(3)	(4)	(5)	(6)
$PART\_APA_{i,t}$	-0.006** (-2.06)	-0.005*** (-2.71)	-0.003 (-1.45)	-0.002 (-1.29)	-0.139* (-1.87)	-0.082* (-1.75)
$IC_{i,t}$	—	—	—	—	-0.014 (-0.15)	0.003 (0.05)

续表

Panel A：PART_APA = $Poverty_{i,t}$						
变量	低内部控制组		高内部控制组		全样本	
	$NCSKEW_{i,t+1}$	$DUVOL_{i,t+1}$	$NCSKEW_{i,t+1}$	$DUVOL_{i,t+1}$	$NCSKEW_{i,t+1}$	$DUVOL_{i,t+1}$
	(1)	(2)	(3)	(4)	(5)	(6)
$PART\_APA_{i,t} \times IC_{i,t}$	—	—	—	—	0.021* (1.81)	0.012* (1.67)
Control	控制	控制	控制	控制	控制	控制
Year/Ind	控制	控制	控制	控制	控制	控制
观测值数	2436	2436	2436	12436	4872	4872
Adj. R^2	0.015	0.018	0.036	0.040	0.018	0.019
F – Value	3.60	4.10	7.53	8.15	6.46	7.00

注：括号内是对标准误进行异方差稳健处理及公司层面群聚调整后的 t 值，***、**、*分别表示在 1%、5% 和 10% 的水平上显著。“—”表示无数据。

资料来源：笔者根据相关样本数据，在分组后或全样本下运用 Stata 14.0 软件对式（6 – 8）回归分析而得。

其次，可以看到，无论是 Panel A（用参与精准扶贫变量 $Poverty_{i,t}$ 作为 PART_APA 的代理变量）还是 Panel B（用精准扶贫投入金额变量 $Ln\_Poverty_{i,t}$ 作为 PART_APA 的代理变量）中，相较于高内部控制组而言，低内部控制组的精准扶贫参与度指标（$PART\_APA_{i,t}$）的负相关系数都更为显著且绝对值更大。

最后，内部控制环境对精准扶贫参与降低股价崩盘风险的作用起负向调节作用。换而言之，在低水平内部控制环境下，企业参与精准扶贫行为在降低股价崩盘风险方面的作用更大。究其原因，正如本章前文的研究结论，上市公司参与精准扶贫的行为能够抑制过度投资、提高信息透明度，从而减少负面信息隐藏并降低股价崩盘风险，而过度投资、信息透明度低正是低水平内部控制环境下容易出现的问题，因此，这种环境下公司参与精准扶贫的风险治理功能能够在更大程度上得到发挥；相反，在高水平内部控制环境下，因为过度投资、信息透明度低等问题已经被各种内部控制机制给予了较好的治理，所以，参与精准扶贫给公司带来的风险治理功能更为有限。

第六节　研究结论与启示

精准扶贫规划是中国到2020年实现农村人口全面脱贫目标的重要保证，也是贫困农村地区可持续发展的关键。中国政府也在积极推动该计划的实施。2016年以来，大量中国上市公司参与了精准扶贫，成为上市公司社会责任的一种新形式。目前，有关上市公司承担精准扶贫这一特殊社会责任产生经济后果的研究文献还很少，特别是还缺少参与精准扶贫对股价异常波动影响的相关研究。本章以2016～2018年中国A股上市公司为样本，分析了精准扶贫对股价崩盘风险的影响，并研究了这种影响的中介机制以及内部控制对该影响的调节效应。

本章使用两种指标衡量上市公司参与精准扶贫的程度，其一是上市公司是否参与精准扶贫；其二是上市公司在精准扶贫中的投入金额。同时，本章运用第二年股票价格的负收益偏态系数和收益上下波动比衡量股价崩盘风险。通过多元回归的实证结果表明，上市公司参与精准扶贫可以降低其股价崩盘风险，并且上市公司在精准扶贫上投入越多，股价崩盘风险越小。随后，本章采用动态面板数据上的系统广义矩估计法（SYS－GMM）、赫克曼自选择模型（Heckman Self-selection Model）、倾向评分匹配方法（PSM）和工具变量两阶段回归法（IV－2SLS）对内生性进行了控制，而进一步的检验结果仍支持上述结论，即参与精准扶贫降低了股价崩盘风险。在拓展性检验中，一方面，本章检验了过度投资和透明度在参与精准扶贫与股价崩盘风险之间的中介作用，实证结果表明，因过度投资水平较低、信息透明度较高，参与精准扶贫的公司股价崩盘风险较低；另一方面，本章还检验了内部控制对参与精准扶贫与股价崩盘风险关系的调节作用，实证结果表明，参与精准扶贫降低股价崩盘风险的作用在低效率内部控制环境下表现更强，作为一种政府倡导的企业社会责任，参与精准扶贫有一定的风险治理作用，可以实现对内部控制风险治理作用的某种替代。

本章的理论贡献和实践意义，包括以下四个方面。

（1）丰富了企业社会责任领域的研究成果。精准扶贫作为一种企业社会责任形式，为我们提供了难得的研究机会。本章将这种特殊企业社会责任的经济后果拓展到股票市场上公司的股价表现上，得出了参与精准扶贫可以降低股价崩盘风险的结论，丰富了既有研究成果。

（2）丰富了股价崩盘风险影响因素的研究成果。近年来，中国证券市场股价崩盘现象频繁发生，因此，政府部门、理论界和投资者都十分关注其形成机制和制约机制。

（3）丰富了内部控制研究领域的研究成果。自《内部控制基本规范》在上市公司全面实施以来，其发挥的风险治理效果备受监管部门和理论界关注。本章研究发现，在内部控制水平较差的环境下，参与精准扶贫降低公司股价崩盘风险的作用更强，反之，在内部控制水平较好的环境下，参与精准扶贫降低上市公司股价崩盘风险作用更弱。这表明，内部控制起到了提升投资效率、提高信息透明度，降低股价崩盘风险的作用，如果没有良好的内部控制环境，那么，上市公司则需通过其他替代的风险治理机制来实现类似功能。

（4）本章研究结论对政府部门、公司管理者和上市公司投资者具有一定的现实意义。对于政府部门而言，有助于客观评价精准扶贫计划、内部控制基本规范的实施效果；对于上市公司的管理者而言，有助于正确理解精准扶贫的经济价值；而对于投资者而言，有助于改善投资行为，选择更好的投资对象。

本章研究仍然存在一些局限。首先，本章研究使用的样本量相对较小。作为中国上市公司履行企业社会责任的一种新形式，精准扶贫始于2016年，同时，本章的实证模型需要利用下一年度的股价崩盘风险指标进行回归，导致限制了数据样本容量。在未来的研究中，可进一步扩大样本数目，以便在较长时间跨度内获得更可靠的实证证据。其次，本章在研究精确扶贫对股价崩盘风险的中介机制时，仅对投资效率和信息透明度进行了检验。事实上，影响股价崩盘风险的常见途径还包括避税、盈余管理和其他财务行为等，而这些中介路径的检验工作可以在未来的研究中基于更多样本数据完成。

第七章

主要结论、研究局限性与未来研究方向

第一节　主要结论

本书研究了中国证券市场上股价崩盘风险的成因，并分析了内部控制机制的制约作用。一方面，从非理性特质的管理者过度自信视角、背景特征的CEO任职周期视角，考察了管理者非同质对负面信息披露偏差进而对股价崩盘风险的影响，并检验了内部控制机制对这两类诱因导致的信息披露偏差或股价崩盘风险的影响；另一方面，结合企业组织形式设计的集团决策权配置、参与政府倡导的精准扶贫计划等场景，从多方面考察了企业代理问题对股价崩盘风险的影响，并检验了内部控制机制在这些影响机制中的中介效应或调节效应。相关结论的得出，有利于深化对股价崩盘风险成因的认识，有利于客观评价内部控制基本规范的执行效果，具有一定的理论意义和实践意义。本书的结论主要有以下四个方面。

（1）管理者过度自信、内部控制与负面信息披露质量：证据与股价崩盘风险效应检验。本书从过度自信这一管理者非理性角度出发，以管理者自愿披露的负面业绩预告为对象，考察了管理者过度自信对负面信息披露质量的影响，以及内部控制对该影响的调节效应、该影响带来的股价崩盘风险效应。实证检验结果表明，管理者过度自信降低了负面业绩预告披露的自愿性、提升了管理者对负面业绩预告的乐观估计倾向、延迟了负面业绩预告的披露时间，整体上降低了负面信息披露质量；而内部控制并未对这一非理性导致的、前瞻性和主观性较强的负面业绩预告过程起到良好的约束作用，相反却强化了管理者面对不利环境时“优于平均”的心态与乐观倾向，进一步降低了负面信息披露质量；管理者过度自信通过降低负面信息披露质量提升了公司股价崩盘风险，负面业绩预告披露缺陷是管理者过度自信提升股价崩盘风险的中介路径之一。

（2）CEO 任职周期、内部控制与公司股价崩盘风险。本书从任职周期这一管理者背景特征角度出发，基于管理者任职周期的“季节效应”理论，考察了 CEO 任职周期对股价崩盘风险的影响和作用机制，以及内部控制对该影响的调节作用。实证结果表明，CEO 任职周期与公司股价崩盘风险之间存在“U”型关系，在 CEO 某一任职周期，股价崩盘风险降至最低，且 CEO 较差的职业经历、较低的业界声誉、内部升任等会强化该“U”型关系；在 CEO 任职周期与公司股价崩盘风险之间，会计稳健性和非效率投资发挥了显著的中介效应；高效率的内部控制机制能有效弱化 CEO 任职周期与股价崩盘风险之间的“U”型关系，并且内部控制效率越高，股价崩盘风险越低。

（3）企业集团决策权配置、内部控制与公司股价崩盘风险。本书结合企业集团决策权配置过程，考察了企业组织形式安排对公司股价崩盘风险的影响，以及内部控制对该影响的调节效应。实证结果表明，企业集团经营权和财务权的分散配置均提高了股价崩盘风险；会计信息透明度、会计稳健性在经营权分散配置的股价崩盘风险效应中发挥了中介作用，过度投资则在财务权分散配置的股价崩盘风险效应中发挥了中介作用；高效率的内部控制机制能够有效缓解上述决策权配置对股价崩盘风险的影响，同时，这种缓解作用在国有产权的企业集团中表现更强。

（4）精准扶贫参与度、内部控制与公司股价崩盘风险。本书最后选取了精准扶贫这一由政府倡导的企业社会责任形式，考察了精准扶贫参与度对公司股价崩盘风险的影响，以及内部控制对该影响的调节作用。实证结果表明，无论使用是否参与精准扶贫指标，还是使用精准扶贫投入金额指标衡量上市公司精准扶贫参与度，精准扶贫参与都降低了上市公司股价崩盘风险；过度投资和信息透明度在精准扶贫参与度和股价崩盘风险的关系间发挥了中介作用，表明参与精准扶贫的上市公司因过度投资程度更低、信息透明度更高而受到了投资者认可，股票被集中抛售的可能性更小，股价崩盘风险也随之降低；内部控制对上述关系起到了调节作用，在低效率内部控制环境下，参与精准扶贫降低股价崩盘风险的作用更强，作为一种政府倡导的企业社会责任计划，参与精准扶贫存在一定的风险治理作用，可以对内部控制的风险治理作用实现某种程度的替代。

第二节　研究局限性与未来研究方向

一、研究局限性

本书的研究主要有以下三点不足。

(1) 上市公司数据方面的局限性。本书共进行四个部分的实证研究，它们大都受到数据方面的限制。例如，在第三章考察负面信息披露质量时，本书使用了自愿披露要求下的企业负面业绩预告数据，虽然这一数据在刻画负面信息披露时具有多维度特征的优势，但是，在中国上市公司信息披露制度不断演化的过程中，上述数据会受到政策和市场环境的影响，稳定性较差；而在第六章考察上市公司参与精准扶贫时，数据的跨期都较短，这在一定程度上是因股价崩盘风险需要后一期数据，主要原因在于精准扶贫报告的历时仅有三年，研究工作的数据限制或许难以避免。

(2) 变量度量方面的局限性。本书在四部分的实证研究中，对一些关键变量的度量方面还是存有局限的。例如，本书第三章～第六章都使用的迪博内部控制指数，虽然国内认可度较高、使用范围较广，但是，该指标和国内其他有关内部控制的评价指标类似，都是基于内部控制目标实现程度设计的结果指标，并非基于内部控制机制设计完整性的能力指标，因此，在研究其经济后果时存在一定缺陷；本书第四章中使用研究样本的年度末在任 CEO 的任职年数衡量其任职时间长短，各上市公司 CEO 的更换频率相差较大，个别公司甚至一年内更换若干个 CEO，而这些样本占比并不很低，相反的是，样本公司 CEO 任期超越“最佳任期”的比例却较低，因此，研究结果难免仅仅停留在统计意义上的显著性，但实践意义有限；本书第五章使用的企业集团经营决策权和财务决策权配置的集中度，也很难做到精确描述决策权的配置情况；本书第六章使用的精准扶贫参与度，在反映变量本质时都有一定不足。事实上，公司金融领域的实证研究，大都会受困于变量的设计问题，未来的研究仍需在测度方法上进一步改进。

(3) 其他条件方面的局限性。本书研究的主题与证券市场的关系十分紧密，而对上市公司股价行为的研究是金融领域研究的重大难题。因此，应当充分认识到，理论界的相关研究更多只是有助于发现某一影响股价异动或股价崩盘的具体因素，目前，研究者们对股价崩盘风险成因的认识仍较为有限（实证模型普遍较低的解释力充分反映了这一点）。在现实中，影响公司股价波动的因素过于复杂，对于这些复杂因素影响之下的股价异常波动，研究者显然不应仅局限于目前基于历史数据的多元回归分析方法，而应借助更多的研究方法，例如，实验研究、人工智能模拟等都是值得考虑的方向。

二、未来研究方向

随着中国证券市场的持续发展并不断走向成熟，基于公司基本面的价值投资愈发体现出其主流地位。以上市公司向证券市场传递的各种信息为依据进行理性投资和交易，已成为越来越多机构投资者乃至个人投资者的普遍共识和基本做法。从这个意义上讲，股价崩盘风险的“负面信息隐藏”假说，会越来越贴近中国证券市场股价异常波动的现实。在该假说基础之上，结合更多案例的深入实证研究，必将能够发现更多符合实际的、有力地解释中国上市公司股价崩盘生成过程的诱发因素。未来的研究，可以更加动态地考察某些政策制度或市场参与者因素对股价崩盘风险的影响。毕竟，近年来，中国证券市场的成长速度举世瞩目，导致股价崩盘风险发生的因素将是一个动态过程。换句话说，一些旧的因素作用会逐渐减弱，而一些新的因素却会不断出现并体现出更加突出的作用。

此外，随着中国上市公司越来越重视内部控制的作用、不断通过大量资金投入和技术条件引入来完善内部控制机制，可以确定的是，内部控制对公司各类风险的抑制作用将会不断得到增强。未来对内部控制经济后果的研究，应结合更多场景进一步拓展。研究者可以更全面地考察内部控制在对包括股价异动风险在内更多领域的风险控制作用。同时，考察公司内部控制和其他显性风险治理机制或隐性风险治理机制的相互作用，也是值得深入探讨的重要方向。

参考文献

[1] 蔡艳萍，刘晓光．基于GMM的信息披露质量与股价崩盘风险研究［J］．中南大学学报（社会科学版），2018（3）：88－95.

[2] 曹丰，鲁冰，李争光，等．机构投资者降低了股价崩盘风险吗［J］．会计研究，2015（11）：55－61.

[3] 曹国华，杨俊杰，林川．CEO声誉与投资短视行为［J］．管理工程学报，2017（4）：45－61.

[4] 操巍，谭怡，邓伟．管理者过度自信对自愿性盈利预测披露质量的影响［J］．财经问题研究，2017（1）：55－61.

[5] 陈德球，雷光勇，肖童姝．CEO任期、终极产权与会计盈余质量［J］．经济科学，2011（2）：103－116.

[6] 陈红，纳超红，雨田木子，等．内部控制与研发补贴绩效研究［J］．管理世界，2019（12）12：149－164.

[7] 陈娇娇，周芳竹．管理者背景特征、内部控制与审计收费［J］．山西财经大学学报，2016（6）：88－100.

[8] 褚剑，方军雄．中国式融资融券制度安排与股价崩盘风险的恶化［J］．经济研究，2016（5）：143－158.

[9] 董望，陈汉文．内部控制、应计质量与盈余反应——基于中国2009年A股上市公司的经验证据［J］．审计研究，2011（4）：68－78.

[10] 杜兴强，赖少娟，裴红梅．女性高管总能抑制盈余管理吗？——基于中国资本市场的经验证据［J］．会计研究，2017（1）：39－45.

[11] 杜勇，张欢，陈建英．CEO海外经历与企业盈余管理［J］．

会计研究，2018（2）：27－33.

［12］方红星，金玉娜．高质量内部控制能抑制盈余管理吗？——基于自愿性内部控制鉴证报告的经验研究［J］．会计研究，2011（8）：53－60.

［13］方红星，金玉娜．公司治理、内部控制与非效率投资：理论分析与经验证据［J］．会计研究，2013（7）：63－69.

［14］方红星，张志平．内部控制质量与会计稳健性——来自深市A股公司2007～2010年年报的经验证据［J］．审计与经济研究，2012（5）：3－10.

［15］干胜道，胡明霞．管理层权力、内部控制与过度投资——基于国有上市公司的证据［J］．审计与经济研究，2014（5）：40－47.

［16］高敬忠，周晓苏，王英允．机构投资者持股对信息披露的治理作用研究——以管理层盈余预告为例［J］．南开管理评论，2011（5）：129－140.

［17］郝颖，刘星，林朝南．我国上市公司高管人员过度自信与投资决策实证研究［J］．中国管理科学，2005（5）：142－147.

［18］何捷，张会丽，陆正飞．货币政策与集团企业负债模式研究［J］．管理世界，2017（5）：158－169.

［19］何威风，刘启亮．我国上市公司高管背景特征与财务重述行为研究［J］．管理世界，2010（7）：144－155.

［20］何威风，刘启亮，刘永丽．管理者过度自信与企业盈余管理行为研究［J］．投资研究，2011（11）：73－92.

［21］贺小刚，张远飞，连燕玲．高管离任前的盈余管理：公司治理机制能起到作用吗？［J］．经济管理，2012（11）：113－124.

［22］黄政，吴国萍．内部控制质量与股价崩盘风险：影响效果及路径检验［J］．审计研究，2017（4）：48－55.

［23］姜付秀，蔡欣妮，朱冰．多个大股东与股价崩盘风险［J］．会计研究，2018（1）：68－74.

［24］姜付秀，张敏，陆正飞，等．管理者过度自信、企业扩张与

财务困境［J］. 经济研究，2009（1）：131－143.

［25］江轩宇，许年行. 企业过度投资与股价崩盘风险［J］. 金融研究，2015（8）：141－158.

［26］孔东民，王江元. 机构投资者信息竞争与股价崩盘［J］. 南开管理评论，2016（5）：127－138.

［27］雷霆，周嘉南. 股权激励、管理者过度自信与权益资本成本［J］. 财经理论与实践，2015（1）：39－45.

［28］李培功，肖珉. CEO任期与企业资本投资［J］. 金融研究，2012（2）：127－141.

［29］李万福，林斌，杨德明，等. 内部控制信息披露、企业过度投资与财务危机——来自中国上市公司的经验证据［J］. 中国会计与财务研究，2010（4）：76－106.

［30］李婉丽，谢桂林，郝佳蕴. 管理者过度自信对企业过度投资影响的实证研究［J］. 山西财经大学学报，2014（10）：76－86.

［31］李延喜，陈克兢. 终极控制人、外部治理环境与盈余管理——基于系统广义矩估计的动态面板数据分析［J］. 管理科学学报，2014（9）：56－71.

［32］李增泉，叶青，贺卉. 企业关联、信息透明度与股价特征［J］. 会计研究，2011（1）：44－51.

［33］李志斌，章铁生. 内部控制、产权性质与社会责任披露——来自中国上市公司的经验证据［J］. 会计研究，2017（10）：86－92.

［34］梁权熙，曾海舰. 独立董事制度改革、独立董事的独立性与股价崩盘风险［J］. 管理世界，2016（3）：144－159.

［35］林乐，郑登津. 退市监管与股价崩盘［J］. 中国工业经济，2016（12）：58－74.

［36］刘慧龙，王成方，吴联生. 决策权配置、盈余管理与投资效率［J］. 经济研究，2014（8）：93－106.

［37］刘启亮，罗乐，张雅曼，等. 高管集权、内部控制与会计信息质量［J］. 南开管理评论，2013（1）：15－23.

[38] 刘鑫，薛有志．基于新任 CEO 视角下的战略变革动因研究[J]．管理学报，2013（12）：747－1759.

[39] 罗劲博．管理者过度自信对公司业绩：好事还是坏事？——基于会计稳健性视角的经验证据[J]．财经研究，2014（1）：135－144.

[40] 罗进辉，杜兴强．媒体报道、制度环境与股价崩盘风险[J]．会计研究，2014（9）：53－59.

[41] 马连福，沈小秀，王元芳．产品市场竞争、高管持股与管理层盈余预告[J]．经济与管理研究，2013（5）：18－27.

[42] 潘怡麟，朱凯，陈信元．决策权配置与公司价值——基于企业集团的经验证据[J]．管理世界，2018（12）：111－119.

[43] 潘越，戴亦一，林超群．信息不透明、分析师关注与个股暴跌风险[J]．金融研究，2011（9）：138－151.

[44] 权小锋，吴世农，尹洪英．企业社会责任与股价崩盘风险："价值利器"或"自利工具"[J]．经济研究，2015（11）：49－64.

[45] 孙光国，赵健宇．产权性质差异、管理者过度自信与会计稳健性[J]．会计研究，2014（5）：52－58.

[46] 万鹏，陈翔宇．代理成本、独立董事独立性与业绩快报自愿披露[J]．财贸研究，2016（4）：137－146.

[47] 王冲，谢雅璐．会计稳健性、信息不透明与股价暴跌风险[J]．管理科学，2013（1）：68－79.

[48] 王化成，曹丰，叶康涛．监督还是掏空：大股东持股比例与股价崩盘风险[J]．管理世界，2015（2）：45－57.

[49] 王霞，薛跃，于学强．CFO 的背景特征与会计信息质量——基于中国财务重述公司的经验证据[J]．财经研究，2011（9）：123－133.

[50] 王霞，张敏，于富生．管理者过度自信与企业投资行为异化[J]．南开管理评论，2008（2）：77－83.

[51] 王雄元．自愿性信息披露：信息租金与管制[J]．会计研究，

2005 (4): 27 – 31.

[52] 王玉涛, 王彦超. 业绩预告信息对分析师预测行为有影响吗 [J]. 金融研究, 2012 (6): 193 – 206.

[53] 王治, 张皎洁, 郑琦. 内部控制质量、产权性质与企业非效率投资——基于我国上市公司面板数据的实证研究 [J]. 管理评论, 2015 (9): 95 – 107.

[54] 温忠麟. 中介效应检验程序及其应用 [J]. 心理学报, 2004 (9): 614 – 620.

[55] 吴超鹏, 吴世农, 郑方镳. 管理者行为与连续并购绩效的理论与实证研究 [J]. 管理世界, 2008 (7): 126 – 133.

[56] 肖华, 张国清. 内部控制质量、盈余持续性与公司价值 [J]. 会计研究, 2013 (5): 73 – 80.

[57] 谢德仁, 郑登津, 崔宸瑜. 控股股东股权质押是潜在的"地雷"吗? ——基于股价崩盘风险视角的研究 [J]. 管理世界, 2016 (5): 128 – 140.

[58] 谢志华. 内部控制、公司治理、风险管理: 关系与整合 [J]. 会计研究, 2007 (7): 37 – 45.

[59] 邢维全, 宋常. 管理者过度自信、内部控制质量与会计稳健性——来自中国 A 股上市公司的经验证据 [J]. 华东经济管理, 2015 (10): 35 – 43.

[60] 徐虹, 林钟高, 韦慧玲. 内部控制审计鉴证对财务分析师盈利预测误差的影响 [J]. 河北经贸大学学报, 2014 (1): 63 – 72.

[61] 许年行, 江轩宇, 伊志宏, 等. 分析师利益冲突、乐观偏差与股价崩盘风险 [J]. 经济研究, 2012 (7): 127 – 140.

[62] 许年行, 于上尧, 伊志宏. 机构投资者羊群行为与股价崩盘风险 [J]. 管理世界, 2013 (7): 31 – 43.

[63] 杨雄胜. 内部控制范畴定义探索 [J]. 会计研究, 2011 (8): 46 – 62.

[64] 杨阳, 王凤彬, 孙春艳. 集团化企业决策权配置研究——基

于母子公司治理距离的视角［J］. 中国工业经济，2015（1）：108－120.

［65］叶蓓，袁建国. 管理者信心、企业投资与企业价值：基于我国上市公司的经验证据［J］. 中国软科学，2008（2）：97－108.

［66］余明桂，李文贵，潘红波. 管理者过度自信与企业风险承担［J］. 金融研究，2013（1）：149－163.

［67］余明桂，夏新平，邹振松. 管理者过度自信与企业激进负债行为［J］. 管理世界，2006（8）：104－112.

［68］张会丽，陆正飞. 现金分布、公司治理与过度投资——基于我国上市公司及其子公司的现金持有状况的考察［J］. 管理世界，2012a（3）：141－150.

［69］张会丽，陆正飞. 上市公司经营业务分布是否影响盈余质量——基于上市公司及其整子公司相对业务规模的考察［J］. 财经研究，2012b（8）：72－83.

［70］张会丽，吴有红. 企业集团财务资源配置、集中程度与经营绩效——基于现金在上市公司及其整体子公司间分布的研究［J］. 管理世界，2011（2）：100－108.

［71］张俊生，汤晓建，李广众. 预防性监管能够抑制股价崩盘风险吗？——基于交易所年报问询函的研究［J］. 管理科学学报，2018（10）：112－126.

［72］张军伟，龙立荣. 领导宽恕与员工工作绩效的曲线关系：员工尽责性与程序公平的调节作用［J］. 管理评论，2016（4）：134－144.

［73］张兆国，刘永丽，谈多娇. 管理者背景特征与会计稳健性——来自中国上市公司的经验证据［J］. 会计研究，2011（7）：11－18.

［74］郑培培，陈少华. 管理者过度自信、内部控制与企业现金持有［J］. 管理科学，2018（4）：3－16.

［75］周波，张程，曾庆生. 年报语调与股价崩盘风险——来自中国A股上市公司的经验证据［J］. 会计研究，2019（11）：41－48.

[76] 周晓苏，吴锡皓．稳健性对公司信息披露行为的影响研究——基于会计信息透明度的视角［J］. 南开管理评论，2013 (3): 89 - 100.

[77] 周泽将，修宗峰．女性高管能降低盈余管理程度吗？——基于中国资本市场的经验证据［J］. 中南财经政法大学学报，2014 (5): 95 - 102.

[78] Aboody D., Kasznik R. CEO stock option awards and the timing of corporate voluntary disclosures [J]. Journal of Accounting and Economics, 2000, 29 (1): 73 - 100.

[79] Ahmed A. S., Duellman S. Managerial overconfidence and accounting conservatism [J]. Journal of Accounting Research, 2013, 51 (1): 1 - 30.

[80] Ahsan H., Hasan M. M. Managerial ability, investment efficiency and stock price crash risk [J]. Research in International Business and Finance. 2017, 42 (2): 262 - 274.

[81] Altamuro J., Beatty A. How does internal control regulation affect financial reporting [J]. Journal of Accounting and Economics, 2010, 49 (1 - 2): 58 - 74.

[82] Ajinkya B., Bhojraj S., Sengupta P. The association between outside directors, institutional investors and the properties of management earnings forecasts [J]. Journal of Accounting Research, 2005, 43 (3): 343 - 376.

[83] Ali A., Zhang W. N. CEO tenure and earnings management [J]. Journal of Accounting and Economics, 2015, 59 (1): 60 - 79.

[84] Alicke M. D., Govorun O. The better-than-average effect. In: Alicke M. D., Dunning D. A. and Krueger J. (eds). The self in social judgment [M]. New York, Psychology Press, 2005: 85 - 106.

[85] Alken L. S., West S. G. Multiple regression: testing and interpreting interactions [M]. CA, Sage: Thousand Oaks, 1991.

[86] Altamuro J., Beatty A. How does internal control regulations affect financial reporting [J]. Journal of Accounting and Economics, 2010, 49 (1-2): 58-74.

[87] Ashbaugh-Skaife H., Collins D. W., Kinney W. R., Lafond R. The effect of SOX internal control deficiencies and their remediation on accrual quality [J]. The Accounting Review, 2008, 83 (1): 217-250.

[88] Aupperle K. E., Carroll A. B., Hatfield D. An empirical examination of the relationship between corporate social responsibility and profitability. Academy of Management Journal, 1985, 28 (2): 446-463.

[89] Baiman S., Larcker D., Rajan M. Organization design for business units [J]. Journal of Accounting Research, 1995, 33 (2): 205-229.

[90] Bamber L. S., Cheon Y. S. Discretionary management earnings forecast disclosures: antecedents and outcomes associated with forecast venue and forecast specificity choices [J]. Journal of Accounting Research, 1998, 36 (2): 167-190.

[91] Barnett M. L. Stakeholder influence capacity and the variability of financial returns to corporate social responsibility [J]. Academy of Management Review, 2007, 32 (3): 794-816.

[92] Baron R. M., Kenny D. A. The Moderator-mediator variable distinction in social psychological research: conceptual, strategic and statistical consideration [J]. Journal of Personality and Social Psychology, 1986, 51 (6): 1173-1182.

[93] Barros S. Overconfidence, managerial optimism and determination of capital structure [R]. Working Paper, 2007.

[94] Basu S. The conservatism principle and the asymmetric timeliness of earnings [J]. Journal of Accounting and Economics, 1997, 24 (1): 3-37.

[95] Beaver W. H. The information content of annual earnings an-

nouncements [J]. Journal of Accounting Research, 1968, 6 (6): 67 - 92.

[96] Belgacem I., Omri A. Does corporate social disclosure affect earnings quality? empirical evidence from Tunisia [J]. International Journal of Advanced Research, 2015, 3 (2): 73 - 89.

[97] Benmelech E., Kandel E., Veronesi P. Stock-based compensation and CEO (dis) incentives [J]. The Quarterly Journal of Economics, 2010, 125 (4): 1769 - 1820.

[98] Bhattacharya U., Daouk H., Welker M. The world price of earnings opacity [J]. The Accounting Review, 2003, 78 (3): 641 - 678.

[99] Bleck A., Liu X. Market transparency and the accounting regime [J]. Journal of Financial Research, 2007, 45 (2): 229 - 256.

[100] Breton - Miller I. L., Miller D. Why do some family businesses out-compete? governance, long-term orientations, and sustainable capability [J]. Entrepreneurship Theory and Practice, 2006, 30 (6): 731 - 746.

[101] Buzby S. L. Company size, listed versus unlisted stocks and the extent of financial disclosure [J]. Journal of Accounting Research, 1975, 13 (1): 16 - 37.

[102] Campbell J. Y., Hentschel L. No news is good news: An asymmetric model of changing volatility in stock returns [J]. Journal of Financial Economics, 1992, 31 (3): 281 - 318.

[103] Chan K. C., Farrell B., Lee P. Earnings management of firms reporting material internal control weakness under section 404 of the sarbanes-oxley acts [J]. Auditing: A Journal of Practice and Theory, 2008, 27 (2): 161 - 179.

[104] Chen J., Hong H., Stein J. C. Forecasting crashes: trading volume, past returns, and conditional skewness in stock prices [J]. Journal of Financial Economics, 2001, 61 (3): 345 - 381.

[105] Cheng M., Dhaliwal D., Zhang Y. Does investment efficiency

improve after the disclosure of material weaknesses in internal control over financial reporting [J]. Journal of Accounting and Economics, 2013, 56 (1): 1-18.

[106] Choi J., Wang H. Stakeholder relations and the persistence of corporate financial performance [J]. Strategic Management Journal, 2009, 30 (8): 895-907.

[107] Cohen J., Cohen P., West S. Applied multiple regression and correlation analysis for the behavior services [M]. Mahwah, NJ: Lawrence Erlbaum Associates, 2003.

[108] Cornell B., Shapiro A. C. Corporate stakeholders and corporate finance [J]. Financial Management, 1987, 16 (1): 5-14.

[109] Defond M., Hung M., Li S. Does mandatory IFRS adoption affect crash risk [J]. The Accounting Review, 2015, 90 (1): 265-299.

[110] Derwall J., Koedijk K., Ter Horst J. A Tale of values-driven and profit-seeking social investors [J]. Journal of Banking and Finance, 2011, 35 (8): 2137-2147.

[111] Deshmukh S., Geol A. M., Howe K. M. CEO overconfidence and dividend policy [J]. Journal of Financial Intermediation, 2013, 22 (3): 440-463.

[112] Diamond D. W. Reputation acquisition in debt markets [J]. Journal of Political Economics, 1989 (4): 828-862.

[113] Doukas J. A., Petmezas D. Acquisitions, overconfident managers and self-attribution bias [J]. European Financial Management, European Financial Management Association, 2007, 13 (3): 531-577.

[114] Doyle J., Ge W., McVay S. Accurals quality and internal control over financial reporting [J]. The Accounting Review, 2007, 82 (5): 1141-1170.

[115] Edward N., Elizabeth W. Corporate social responsibility and financial performance: The "virtuous circle" revisited [J]. Review of Quanti-

tative Finance and Accounting, 2009, 32 (2): 197 – 209.

[116] Edwards J. R., Lambert L. S. Methods for integrating moderation and mediation: A general analytical framework using moderated path analysis [J]. Psychological Methods, 2007, 12 (1): 1 – 22.

[117] El Ghoul S., Guedhami O., Kwok C. C. Y., Mishra D. R. Does corporate social responsibility affect the cost of capital [J]. Journal of Banking and Finance, 2011, 35 (9): 2388 – 2406.

[118] Elder R., Zhang Y., Zhou J., Zhou N. Internal control weaknesses and client risk management [J]. Journal of Accounting, Auditing and Finance, 2009, 24 (4): 543 – 579.

[119] Fombrun C. J. Building corporate reputation through CSR initiatives: evolving standards [J]. Corporate Reputation Review, 2005, 8 (1): 7 – 11.

[120] Fombrun C., Shanley M. What's in a name? reputation building and corporate strategy [J]. Academy of Management Review, 1990, 33 (2): 233 – 258.

[121] Francis B., Hasan I., Li L. Abnormal real operations, real earnings management, and subsequent crashes in stock prices [J]. Review of Quantitative Finance and Accounting, 2016, 46 (2): 217 – 260.

[122] Francis B., Iftekhar H., Li L. Firms' real earnings management and subsequent stock price crash risk [M]. Social Science Electronic Publishing, 2011.

[123] Freeman R. E. Strategic management: A stakeholder approach [M]. Pitman: Boston, MA, 1984.

[124] Freeman R. E., Harrison J. S., Wicks A. C. Managing for stakeholders: survival, reputation, and success [M]. Yale University Press, New Haven, 2007.

[125] Freeman R. N. The association between accounting earnings and security returns for large and small firms [J]. Journal of Accounting and Eco-

nomics, 2006, 9 (2): 195 -228.

[126] Friedman M. The social responsibility of business is to increase its profits [J]. New York Times Magazine, 1970, 13 (September): 122 - 126.

[127] Galashiewicz J. An urban grants economy revisited: corporate charitable contributions in the twin cities, 1979 -81, 1987 -89 [J]. Administrative Science Quarterly, 1997, 42 (3): 445 -471.

[128] Ghoul E. S., Guedhami O., Kwok C. C. Y., Mishra D. R. Does corporate social responsibility affect the cost of capital [J]. Journal of Banking and Finance, 2011, 35 (9): 2388 -2406.

[129] Gibbons R., Murphy K. J. Optimal incentive contracts in the presence of career concerns: theory and evidence [J]. The Journal of Political Economy, 1992, 100 (3): 468 -505.

[130] Goh B. W., Li D. Internal control reporting and accounting conservatism [J]. Accounting Review, 2011, 86 (3): 975 -1005.

[131] Goss A., Robert G. R. The impact of corporate social responsibility on the cost of bank loans [J]. Journal of Banking and Finance, 2011, 35 (7): 1794 -1810.

[132] Hambrick D. C., Finkelstein G. D. The seasons of a CEO's tenure [J]. Academy of Management Review, 1991, 6 (4): 719 -742.

[133] Hambrick D. C., Mason P. A. Upper echelons: The organization as a reflection of its top managers [J]. Academy of Management Review, 1984, 9 (2): 193 -206.

[134] Harris M., Raviv A. Capital budgeting and delegation [J]. Journal of Financial Economics, 1998, 50 (3): 259 -289.

[135] Hayek F. A. The use of knowledge in society [J]. American Economic Review, 1945, 35 (4): 519 -530.

[136] Hayes A. F., Preacher K. J. Quantifying and testing indirect effects in simple mediation models when the constituent paths are monlinear

[J]. Multivariable Behavioral Research, 2010, 45 (9): 627-660.

[137] Hayward M. L. A., Hambrick D. C. Explaining the premiums paid for large acquisitions: evidence of CEO Hubris [J]. Administrative Science Quarterly, 1997, 42 (1): 103-127.

[138] Healy P. M., Palepu K. G. Information asymmetry, corporate disclosure, and the capital markets: A review of the empirical disclosure literature [J]. Journal of Accounting and Economics, 2001, 31 (1-3): 405-440.

[139] Heaton J. B. Managerial optimism and corporate finance [J]. Financial Management, 2002, 31 (2): 33-45.

[140] Hemingway C. A., Maclagan P. W. Managers' personal values as drivers of corporate social responsibility [J]. Journal of Business Ethics, 2004, 50 (1): 33-42.

[141] Hermalin B., Weisbach M. Endogenously chosen boards of directors and their monitoring of the CEO [J]. American Economic Review, 1998, 88 (1): 96-118.

[142] Herrmann P., Nadkarni S. Managing strategic change: The duality of CEO personality [J]. Strategic Management Journal, 2013, 35 (9): 1318-1342.

[143] Hillman A. J., Keim G. D. Shareholder value, stakeholder management and social issues: What's the bottom line [J]. Strategic Management Journal, 2002, 22 (2): 125-139.

[144] Hoitash R., Hoitash U., Bedard J. C. Internal control quality and audit pricing under the Sarbanes-Oxley Act [J]. Auditing: A Journal of Practice and Theory, 2008, 27 (1): 105-126.

[145] Holmstrom B. Moral hazard in teams [J]. Bell Journal of Economics, 1982, 13 (2): 324-340.

[146] Hong H., Stein J. C. Differences of opinion, short-sales constraints, and market crashes [J]. Review of Financial Studies, 2003, 16

(2): 487 - 525.

[147] Hribar P., Yang H. CEO overconfidence and management forecasting [J]. Contemporary Accounting Research, 2016, 33 (1): 204 - 227.

[148] Hutton A. P., Marcus A. J., Tehranian H. Opaque financial reports, R2, and crash risk [J]. Journal of Financial Economics, 2009, 94 (1): 67 - 86.

[149] Ioannou I., Serafeim G. The impact of corporate social responsibility on investment recommendation: Analysts' perceptions and shifting institutional logics [J]. Strategic Management Journal, 2015, 36 (7): 1053 - 1081.

[150] Jensen M. Value maximisation, stakeholder theory and the corporate objective function [J]. Business Ethics Quarterly, 2002, 7 (3): 235 - 256.

[151] Jensen M. C., Meckling W. H. Specific and general knowledge and organizational structure [M]. Contract Economics, Blackwell, Oxford, 1992.

[152] Jin L., Myers S. C. R2 around the world: New theory and new tests [J]. Journal of Financial Economics, 2006, 79 (2): 257 - 292.

[153] Jo H., Harjoto M. A. The causal effect of corporate governance on corporate social responsibility [J]. Journal of Business Ehtics, 2012, 106 (1): 53 - 72.

[154] Kalyta P. Accounting discretion, horizon problem, and CEO retirement benefits [J]. The Accounting Review, 2009, 84 (5): 1553 - 1573.

[155] Kapstein E. B. The corporate ethic crusade [J]. Foreign Affairs, 2011, 80 (1): 105 - 119.

[156] Karamanou I., Vafeas N. The association between corporate boards, audit committees, and management earnings forecasts: An empirical

analysis [J]. Journal of Accounting Research, 2005, 43 (3): 453 -486.

[157] Khan M., Watts L. Estimation and empirical properties of a firm-year measure of accounting conservatism [J]. Journal of Accounting and Economics, 2009, 48 (2): 132 -150.

[158] Kim J. B., Li Y., Zhang L. Corporate tax avoidance and stock price crash risk: Firm - Level analysis [J]. Journal of Financial Economics, 2011 (a), 100 (3): 639 -662.

[159] Kim J. B., Li Y., Zhang L. CFOs versus CEOs: Equity incentives and crashes [J]. Journal of Financial Economics, 2011 (b), 101 (3): 713 -730.

[160] Kim Y., Park M. S., Wier B. Is Earnings Quality Associated with Corporate Social Responsibility [J]. The Accounting Review, 2012, 8 (3): 761 -796.

[161] Kim J. B., Wang Z., Zhang L. CEO overconfidence and stock price crash risk [J]. Contemporary Accounting Research, 2016, 33 (4): 1720 -1749.

[162] Kim J. B., Zhang L. Accounting conservatism and stock price crash risk: Firm-level evidence [J]. Contemporary Accounting Research, 2016, 33 (1): 412 -441.

[163] Kim Y., Li H. D., Li S. Q. Corporate social responsibility and stock price crash risk [J]. Journal of Banking & Finance, 2014, 43 (1): 1 -13.

[164] Kim Y., Park M. S., Wier B. Is earnings quality associated with corporate social responsibility [J]. The Accounting Review, 2012, 87 (3): 761 -796.

[165] Kim Y., Statman M. Do corporate invest enough in environmental responsibility [J]. Journal of Business Ethics, 2012, 105 (1): 115 - 129.

[166] Lafond R., Watts R. L. The information role of conservatism

[J]. The Accounting Review, 2008, 83 (2): 447 -478.

[167] Lang M. H. , Lundholm R. J. Corporate disclosure policy and analyst behavior [J]. Accounting Review, 1996, 71 (4): 467 -492.

[168] Lee D. D. , Faff R. W. Corporate sustainability performance and idiosyncratic risk: A global perspective [J]. Financial Review, 2009, 44 (2): 213 -237.

[169] Lin Y. , Hu S. , Chen M. Managerial optimism and corporate investment: Some empirical evidence from Taiwan [J]. Pacific - Basin Finance Journal, 2005, 13 (5): 523 -546.

[170] Malmendier U. , Tate G. Who Makes Acquisitions? CEO Overconfidence and the Market's Reaction [J]. Journal of Financial Economics, 2003, 89 (1): 20 -43.

[171] Margolis J. D. , Walsh J. P. People and profits? The search for a link between a company's social and financial performance [M]. Lawrence Erlbaum Associates, Mahwah, NJ. USA, 2001.

[172] Mc Wlliams A. , Siegel D. , Wright P. Guest editors' introduction corporate social responsibility: Strategic implications [J]. Journal of Management Studies, 2006, 43 (1): 1 -18.

[173] Murphy K. , Zimmerman J. Financial performance surrounding CEO turnover [J]. Journal of Accounting and Economics, 1993, 16 (2): 273 -315.

[174] Oliver B. R. The impact of management confidence on capital structure [M]. Working Paper, Australian National University Press, 2005, 89 -91.

[175] Orlitzky M. , Schmidt F. L. , Rynes S. L. Corporate social and financial performance: A Meta - Analysis [J]. Organization Studies, 2003, 24 (3): 403 -441.

[176] Penman S. H. An empirical investigation of the voluntary disclosure of corporate earnings forecasts [J]. Journal of Accounting Research,

1980, 18 (1): 132 - 160.

[177] Piotroski J. D., Wong T. J., Zhang T. Political incentives to suppress negative information: evidence from China listed firms [J]. Journal of Accounting Research, 2015, 53 (2): 405 - 459.

[178] Preston L. E., O'Bannon D. P. The corporate social-financial performance relationship: A typology and analysis [J]. Business and Society, 1997, 36 (4): 419 - 429.

[179] Raghunandan K., Rama D. V. SOX section 404 material weakness disclosures and audit fees [J]. Auditing: A Journal of Practice and Theory, 2006, 25 (1): 99 - 114.

[180] Richardson S. Over-investment of free cash flow [J]. Review of Accounting Studies, 2006, 11 (3): 159 - 189.

[181] Romer D. Rational Asset - Price movements without news [J]. American Economic Review, 1993, 83 (5): 1112 - 1151.

[182] Schrand C. M., Zechman S. L. C. Executive overconfidence and the slippery slope to financial misreporting [J]. Journal of Accounting and Economics, 2012, 53 (1 - 2): 311 - 329.

[183] Singer Z., You H. The effect of section 404 of the Sarbanes - Oxley Action earnings quality [J]. Journal of Accounting, Auditing and Finance, 2011, 26 (3): 556 - 589.

[184] Stanwick P. A., Stankwick S. D. The relation between corporate social performance and organizational size, financial performance and environmental performance: An empirical examinational [J]. Journal of Business Ethics, 1998, 17 (1): 195 - 205.

[185] Van Buren M. E., Safferstone T. The quick wins paradox [J]. Harvard Business Review, 2009, 87 (1): 55 - 61.

[186] Wintoki W. B., Linck J. S., Netter J. M. Endogeneity and the dynamics of internal corporate governance [J]. Journal of Financial Economics, 2012, 105 (3): 581 - 606.

[187] Xu N. H., Li X. R., Yuan Q. B. Excess perks and stock price crash risk: Evidence from China [J]. Journal of Corporate Finance, 2014, 25 (1): 419 -434.

[188] Zhou J., Kim J. B., Yeung I. Material weakness in internal control and stock price crash risk: Evidence from sox section 404 disclosure [M]. Social Science Electronic Publishing, 2013.